自我视域下高校辅导员的发展研究

许　辉　于兴业　著

知识产权出版社

全国百佳图书出版单位

图书在版编目（CIP）数据

自我视域下高校辅导员的发展研究 ／许辉，于兴业 著 . —北京：知识产权出版社，2018.10

ISBN 978–7–5130–5899–5

Ⅰ . ①自… Ⅱ . ①许… ②于… Ⅲ . ①高等学校—辅导员—工作—研究 Ⅳ . ① G645.1

中国版本图书馆 CIP 数据核字（2018）第 231217 号

内容提要

本书系统归纳并整理了关于高校辅导员问题的研究现状，从中抽取与辅导员自我发展有关的内容加以总结，得出辅导员自我发展问题的概念、本质及特点，并结合现有辅导员自我发展的现实境遇与经验，通过普遍与个别相结合的调查研究方法，展现高校辅导员自我发展的现状，分析其存在的主要问题及原因，并就辅导员自我发展提出推进策略。本书力求为新形势下加强和改进高校辅导员队伍建设提供理论参考。

责任编辑：刘晓庆　　　　　　　　　　　　责任印制：孙婷婷

自我视域下高校辅导员的发展研究

ZIWO SHIYU XIA GAOXIAO FUDAOYUAN DE FAZHAN YANJIU

许　辉　于兴业　著

出版发行：知识产权出版社 有限责任公司	网　　址：http：//www.ipph.cn
电　　话：010–82004826	http：//www.laichushu.com
社　　址：北京市海淀区气象路 50 号院	邮　　编：100081
责编电话：010–82000860 转 8073	责编邮箱：liuxiaoqing@cnipr.com
发行电话：010–82000860 转 8101	发行传真：010–82000893
印　　刷：北京建宏印刷有限公司	经　　销：各大网上书店、新华书店及相关专业书店
开　　本：787mm×1000mm　1/16	印　　张：12.75
版　　次：2018 年 10 月第 1 版	印　　次：2018 年 10 月第 1 次印刷
字　　数：157 千字	定　　价：58.00 元

ISBN 978–7–5130–5899–5

自　序

习近平总书记在全国思想政治工作会议上指出：长期以来，高校思想政治队伍兢兢业业、甘于奉献、奋发有为，为高等教育事业发展作出了重要贡献。高校思想政治工作要拓展选拔视野，抓好教育培训，强化实践锻炼，健全激励机制，整体推进高校党政干部和共青团干部、思想政治理论课教师和哲学社会科学课教师、辅导员班主任和心理咨询教师等队伍建设，保证这支队伍后继有人、源源不断。

习近平总书记在出席高校党的建设工作座谈会时充分肯定了辅导员在高校育人过程中发挥着至关重要的作用，要求教育部和各地各高校深入总结经验，进一步建立健全辅导员选拔、培养、激励和保障机制，切实解决职称职务晋升方面的实际问题，加强业务培训，着力推进辅导员专业化、职业化建设。

高校辅导员制度是我国大学生思想政治工作领域的一项创新，诞生之初源于思想政治工作的需要。如今，高校辅导员工作职能早已经突破了思想政治工作这一狭窄范畴，在大学生思想政治教育、日常管理和服务工作中扮演着重要角色，在高校人才培养中发挥着不可替代的作用。

研究辅导员的自我发展其终极目的是要促进辅导员的发展，从而为大学生提供更好的思想政治教育。高校辅导员自我发展研究在我国还处在刚刚起步阶段，关注的人不少，研究的人不多。研究这一问题有很大理论与实践意义，这是将一项长期的任务，需要进行不断经验探索和理论积累。

辅导员的自我发展问题是高校学生工作的一个层面，也是高校辅导员队伍建设的一个侧面，研究辅导员自我发展不仅要推动辅导员个体完善，而且在客观上推动辅导员队伍的整体发展。研究辅导员自我发展是希望从辅导员队伍的政策制定执行组织，到辅导员本身，都能够带来一场深刻的思考，或者推动一场有利的转变，带来一次自我的更新。

本书系统归纳整理了目前关于高校辅导员问题的研究现状，从中抽取出与辅导员自我发展的关的节点加以总结归纳，得出辅导员自我发展问题的概念、本质及特点，结合现有辅导员自我发展的现实境遇与经验，通过普遍与个别相结合的调查研究，展现高校辅导员自我发展的现状，分析存在的主要问题及原因，就辅导员自我发展提出推进策略，构建辅导员自我发展的新模式。

笔者认为自我发展是指高校辅导员本着具有对工作的责任感和职业的使命感进行自我目标定位、自我资源调配、自我激励和自我约束的一种内生机制。高校辅导员通过自我评价，积极主动地学习和锻炼，并在他们的工作中发挥自己的聪明才智和创造力，进而使自己做出全面的发展。

辅导员的自我发展应该考量的有两个问题。

首先，希望有稳定政策制度和长效的管理机制。辅导员的自我发展，从字面上看似乎只是"自我"的问题，"人的本质不是单个人所固有的抽象物，在其现实性上，它是一切社会关系的总和"，因此，辅导员自我发展问题脱离不开他周围的社会关系，是一个系统工程，要保证其稳定性和持续性，辅导员自我发展不仅需要有良好的政策环境和舆论环境，更需要有规范的管理机制为支撑，确保自我发展在稳定、高效、有序、科学的轨道上前进。

其次，希望辅导员自身的内在动力是发展的不竭源泉。辅导员的发展的好坏归根结底要靠"自我"的力量，实现在外因作用下实现的内在转变，只有结合辅导员内在的动力结合外部机制，才能取得最佳的发展效果。在这个自我发展的过程中辅导员个人要不断给自己不断努力的信心，挖掘前进的动力，随着时代的发展而不断发展，随着高校学生工作的发展而不断发展，随着学生的发展而不断发展，才能够达成师生对话的语境，否则，一切政策、机制、体制、办法都将成为空谈。因此，自我发展是辅导员队伍发展的核心问题和关键环节。

对辅导员自我发展问题研究时，无论是理论研究中，还是调研访谈中，经常会陷入辅导员发展有关的环境因素探讨中，希望能为辅导员自我发展所用；有时候又不得不抛开辅导员自身以外的这一切因素，通过辅导员自己找到自我发展康庄大道。

对辅导员自我发展的问题的研究是以解决发展中的实际问题为缘由，也是目标，是高校辅导员队伍建设中需要永恒关注的主题。笔者相信，只要方向明确，坚持科学的发展，政府、社会、高校与辅导员一道，共同努力，就一定能够加速建设具有中国特色的高校辅导员专业化发展道路的进程。

许 辉

东北农业大学

2018 年 8 月

前　言

　　高校辅导员制度是我国大学生思想政治工作领域的一项创新，其诞生之初是源于高校思想政治工作的需要。如今，高校辅导员的工作职能早已经突破了高校思想政治工作这一狭窄的范畴，而集教育、管理和服务于一身，是大学生全面成长、成才的"指导者和引路人"。目前，高校辅导员队伍已成为一个独立的职业群体，它的职业稳定性和可持续发展问题正得到了越来越多的人的关注。随着高等教育大众化的日益普及，以及辅导员的职业化、专业化进程的加快，高校辅导员的自我发展问题应该在一个更广阔的视域内，集中更多研究者的智慧来加以考量。

　　本书的研究重点在于辅导员的自我发展，即"育己"问题。这个问题不像"育人"问题那样已经成为人们关注的热点，"育己"问题常常被人们忽视，特别是辅导员的"育己"很少被关注。然而，辅导员的自我发展的程度直接影响着其思想政治教育的效果。笔者认为，没有辅导员的主动发展，就很难有学生的主动发展；没有辅导员的教育创造，就很难有学生的创造精神。因此，高校辅导员是一个使教育者和受教育者都变得更完善的职业。只有当高校辅导员自觉完善和发展的同时，才能更有利于学生的完善和发展。

本书系统归纳并整理了目前关于高校辅导员问题的研究现状，从中抽取出与辅导员自我发展有关的节点加以总结归纳，得出辅导员自我发展问题的概念、本质及特点，结合现有辅导员自我发展的现实境遇与经验，通过普遍与个别相结合的调查研究方法，展现高校辅导员自我发展的现状，分析其存在的主要问题及原因，就高校辅导员自我发展提出推进策略。

本书的主要价值和研究意义在于：一是突破以往研究的视角，从高校辅导员自我发展的角度，寻求解决高校辅导员职业发展困境之路。二是以构建高校辅导员自我发展的职业伦理为起点，通过优化能力素质的培养策略，强化职业生涯的管理，探究高校辅导员自我发展的合理路径。

全书共分六部分，具体内容如下。

第一章，导论。提出问题，阐明研究意义，对国内外相关研究进行综述，分析现有研究的局限并在此基础上，明确研究定位，提出研究思路、方法及创新之处。

第二章，高校辅导员自我发展概述。从我国高校辅导员制度的发展历程为起点，厘清不同历史阶段对高校辅导员定义和角色定位。通过对"自我""自我发展"概念的梳理，聚焦"高校辅导员自我发展"这一概念，阐明高校辅导员自我发展的本质和特征。

第三章，高校辅导员自我发展的理论依据。以人的全面发展理论和人的本质理论，内外因辩证关系理论，职业生涯规划理论，马斯洛需求层次理论为依据，从马克思主义理论、管理学、心理学的角度论述自我发展的理论基础。

第四章，高校辅导员自我发展的现实境遇与经验借鉴。在高校辅导员自我发展的现有基础上，重点分析了政策措施的利好条件。通过研究国外学生事务的先进经验和国内教师专业发展的成功做法，为高校辅导员自我发展营造良好的外部环境。

　　第五章，高校辅导员自我发展的现状、问题和归因。依据高校辅导员自我发展问卷调查的结果，分析普遍意义上的自我发展现状，结合对典型高校辅导员的个别访谈，获取高校辅导员职业生涯的不同阶段，在自我发展问题上的认识、举措和成效，整理归纳出高校辅导员自我发展所面临的困境，并对自我发展的制约因素进行归因分析。

　　第六章，高校辅导员自我发展的推进策略。以构建高校辅导员自我的职业伦理为起点，加强职业认同；以优化能力素质发展为策略，提升职业能力；以加强职业生涯管理为手段，推动职业规划；探索以理论学习、实践锻炼、朋辈互助等方法设计高校辅导员自我发展路径，最终完成高校辅导员个人的发展归宿。

目　录

第一章　导　论

一、研究背景

　　高校辅导员在大学生思想政治教育、日常管理和服务工作中扮演着重要的角色，承担了重要任务，在高校人才培养中发挥着不可替代的作用。在工作的复杂程度不断加大的背景下，认清形势、认清自我，不断进行自我教育和自我提升，是辅导员要面临的新的任务和挑战。自我完善与自我发展是辅导员更好地履行职责、完成使命的重要手段，是辅导员自身不断发展成熟和畅通发展"出口"的前提条件，是大学生全面成长成才的客观要求，更是适应时代发展的必然要求。党和国家一直以来都高度重视高校辅导员队伍的整体建设和发展，设计辅导员队伍的职业发展路径，明确辅导员职业的职业标准，完善辅导员工作的评价体系和激励机制，推进辅导员的自我发展，是新形势下加强高校辅导员队伍建设的必然要求。

　　1933年，中国工农红军大学的"政治指导员制度"在人民军队中开始萌芽。

1949 年，中华人民共和国成立以后，清华大学开始发起并建立"政治辅导员制度"。这一时期，清华大学倡导辅导员"双肩挑"，这标志着辅导员制度的正式确立。此后，随着高等教育的不断发展和社会对人才需求的不断变化，高校辅导员制度逐渐由兼职人员慢慢过渡到专职人员，逐步演变并发展为当前的高校辅导员队伍职业化、专业化阶段。

2004 年 8 月，中共中央国务院颁发了《关于进一步加强和改进大学生思想政治教育的意见》（以下简称《意见》）。这一文献成为新时期指导大学生思想政治教育的纲领性文献。2005 年，教育部下发了《关于加强高等学校辅导员、班主任队伍建设的意见》。2006 年，教育部出台了《普通高等学校辅导员队伍建设规定》。2015 年 11 月，教育部公布了《普通高等学校辅导员队伍建设规定》的修订情况，并向各地教育行政部门及部属高校征求意见。这些文件的制定和发布，从制度层面对高校辅导员的工作性质、角色要求、工作职能、政治素质、行为规范等都予以了明确的说明。这使高校辅导员队伍发展有章可循，为辅导员发展带来了新的希望和动力。这也体现了党和国家对辅导员队伍的高度重视，进而推动各省（自治区、直辖市）级教育主管部门及各高校对辅导员队伍的重视，为辅导员队伍的建设和发展指明了方向。为此，与辅导员队伍建设相适应的配套制度也逐步出台。2006 年，教育部公布了《2006—2010 年普通高等学校辅导员培训计划》，2013 年，又出台了《2013—2017 年普通高等学校辅导员培训计划》。这对高校辅导员的培训与培养提出了明确的规划与设计。各省（自治区、直辖市）级教育主管部门、各高等学校也都根据实际情况，扎实有效地推进了高校辅导员制度建设及其内涵建设，除了配套出台辅导员队伍建设制度，还相继编写了《辅导员之歌》《辅导员誓词》等文化建设内容。2014 年 3 月，教育部发布了《高等学校辅导员职业能力标准（暂行）》，它分为职业概况、基本要求和职业能力标准三个部分，进一步明确了辅导员能力素养及辅导员队伍专业化、职业化的指标体系，进一步推动了辅导员职业标准化建设，有利于辅导员明确个入职业发展方向，进而提升高校思想政治教育质量。

在制度层面上，国家明确提出了辅导员职业化、专业化的发展目标。在组织层面上，高校需要落实各项政策，建立相关体制机制，培养和建设一支专业化、职业化的高校辅导员队伍。在个人层面上，辅导员需要利用国家和学校提供的利好条件，追求自我的职业发展与完善，不断推动辅导员队伍整体的职业化、专业化。辅导员个人的职业化、专业化程度，即职业素养和职业技能的高低，直接影响高校思想政治教育工作开展的成效。都说一批好的教师会造就一所好学校，但一名好的辅导员会影响一批学生的未来。队伍若要发展得好，必然离不开每个个体的不懈努力。要成为一名合格的辅导员，必须要做到政治强、业务精、纪律严、作风正，必须要不断提高自身素质去适应时代发展的需求。此外，还要履行好岗位职责，有所侧重地发展个人擅长的专业领域。通过个人的努力与提升，专业理论学习和实践锻炼，促进自我发展，从而推动辅导员队伍职业化和专业化进程。

社会的不断发展不仅对人才质量的要求越来越高，也对思想政治教育的质量要求越来越高。党的十八大报告明确指出："把立德树人作为教育的根本任务，培养德、智、体、美全面发展的社会主义建设者和接班人……培养学生社会责任感、创新精神和实践能力。"党的十八大把学生的社会责任感、创新精神和实践能力看作是新时代社会主义建设者和接班人的基本要求。

2015 年 1 月，在中共中央办公厅、国务院办公厅联合印发的《关于进一步加强和改进新形势下高校宣传思想工作的意见》中，明确提出要启动大学生思想政治教育质量提升工程,切实推动中国特色社会主义理论体系进教材、进课堂、进头脑。深入开展中国特色社会主义教育和中国梦教育,加强党史、国史和形势政策教育,完善中华优秀传统文化教育,高度重视民族团结教育,将社会主义核心价值观融入高等教育全过程,着力增强大学生思想政治教育的针对性和实效性。《关于进一步加强和改进新形势下高校宣传思想工作的意见》提出要推进校园微信公众号等网络新媒体建设,进一步明确了高校作为意识形态的前沿阵地所面临的挑战,对辅导员在育人过程中发挥的重要作用提出了更高的要求。

高校中不乏政治强、业务精、作风正、纪律严的优秀辅导员,大多数辅导员很好地完成了学生工作日常管理和服务的工作职能,承担起了扮演人生导师和知心朋友的角色的任务。然而,不能忽视的是,随着辅导员队伍的不断壮大,也带来了一系列新的问题。如存在高校辅导员队伍入职标准较低、专业设定不统一、专业化程度不高、职业选择具有一定的盲目性等问题。辅导员对自身发展认知模糊,导致整个辅导员队伍缺乏生机和活力。辅导员对自己未来茫然不知,缺乏工作的动力和方向,导致难以充分发挥其应有的角色效能。

大学生处于理想信念、道德品质形成的关键时期,心理也正处于趋向成熟的过渡阶段,迫切需要正确的引导。此外,大学生的管理和服务工作也出现了日趋复杂的局面。一些深层次的社会问题给高校思想政治教育带来了前所未有的挑战。这在客观上要求辅导员具备过硬的专业知识和业务能力,掌握一定的工作方法和技巧,引导和教育好每一位学生。这既是高等教育育人的必然要求,也是大学生成长成才的必然要求。

综上所述,明确辅导员的角色定位,设计规划辅导员发展路径,促进每位辅导员全面协调的发展,已成为高等院校教育工作者亟待研究的课题。究竟该建设一支什么样的队伍,尤其是怎样建设这支队伍,如何合理规划辅导员的职业生涯，成为高校德育工作的一个重要课题。作为高校思想政治教育的骨干力量，辅导员这一职业被赋予了光荣的责任与使命。不论是从辅导员队伍建设的发展需要，还是从学生成长角度来看，深入考量高校辅导员自我发展问题都显得尤其必要与迫切。

二、研究意义

《普通高等学校辅导员队伍建设规定》明确指出："辅导员是高等学校教师队伍和管理队伍的重要组成部分……辅导员是开展大学生思想政治教育的骨干力量，是高校学生日常思想政治教育和管理工作的组织者、实施者和指导者。"高校辅导员的发展问题与高校思想政治教育工作关系密切，高校辅导员的自我发展是提升高校辅导员职业能力和专业素养的根本途径。自我发展是推动高校辅导员队伍职业化、专业化发展的重要保障。在新形势下，从辅导员自身的角度强调辅导员的主观能动性，推动辅导员队伍整体建设，是进一步加强和改进高校思想政治教育工作和巩固社会主义意识形态前沿阵地的迫切需要。因此，以高校辅导员自我发展作为研究内容和切入点，具有重要的理论意义和现实意义。

（一）理论意义

1. 研究辅导员的自我发展有助于丰富思想政治教育学科理论

张耀灿、徐志远在其所著的《现代思想政治教育学科论》中指出："思想政治教育学理论体系包含思想政治教育管理理论。思想政治教育管理理论包含思想政治教育队伍管理。"思想政治教育队伍是思想政治教育的实践主体,思想政治教育队伍管理研究关系到思想政治教育目标实现和运行过程的每一个环节,因此思想政治教育队伍管理研究必然是思想政治教育理论体系的重要构成。思想政治教育队伍管理理论主要包含三个方面的内容,分别是思想政治教育队伍的结构与职能、思想政治教育者的素质与培养、思想政治教育队伍的管理。显然,目前在思想政治教育管理的理论研究中缺乏对思想政治教育队伍管理的深刻理论思考,特别是对有关辅导员自我发展问题涉及不多。

高校辅导员自我发展研究属于思想政治教育队伍管理的研究范畴,归属于思想政治教育二级学科应用理论研究范畴。研究高校辅导员自我发展概念内涵、发展动力、发展路径、发展归宿等基础理论,既可以丰富高校辅导员理论研究,又可以进一步拓展思想政治教育学科理论的研究视界。

2. 研究辅导员的自我发展有助于推动其他相关学科的发展

目前,辅导员培养与培训较为单一,主要是依托思想政治教育专业开展,主要在辅导员思想政治教育能力和学生日常事务管理方面对辅导员进行培养。然而,在当前辅导员工作中,思想政治教育只是其中之一,无法涵盖工作中如心理咨询、就业指导、学生资助等大量工作内容。要实现辅导员的自我发展,就要根据工作实际,在实践中提升辅导员职业能力和专业素养,并需要理论上的指导。因此,研究辅导员的自我发展,有助于推动辅导员相关学科如心理学、教育学、社会学的学科发展。

（二）实践意义

1. 研究辅导员的自我发展有助于加强和改进大学生思想政治教育工作

辅导员是高校教师队伍的重要组成部分，具有教师和管理人员的双重身份，是高校中与学生接触最直接的教师，同时也是开展大学生思想政治教育的骨干力量，是大学生健康成长的人生导师和知心朋友。辅导员的个人的能力和素质，以及辅导员职业的发展前途，都直接影响辅导员的敬业精神和工作状态，影响大学生思想政治教育的成效。本书的研究有助于辅导员加强个人的能力和素养，促进辅导员自我职业生涯发展，从而推动辅导员队伍职业化和专业化进程，有效地加强和改进大学生思想政治教育工作。

2. 研究辅导员的自我发展有助于推动辅导员队伍的职业化、专业化进程

辅导员制度从 1953 年产生到现在已经由来已久，相对于其他的职业来讲，其职业化和专业化的进程是比较缓慢的。这一方面是由于辅导员在高校中的特殊的身份和地位；另一方面，由于其工作内容和工作性质、职业标准和专业规范并不容易界定，职业认同感不高，很多从事辅导员工作的教师把辅导员工作看作进入高校的"敲门砖"，如果有机会就转岗到管理岗位或者教师行列，所以高校辅导员队伍人员流动性比较大，队伍相对不稳定。究其根本原因，就是因为高校辅导员队伍的职业化、专业化进程缓慢。本书不仅通过调查研究分析了辅导员自我发展过程中的现状和问题，而且还对辅导员自我发展提供了方向和路径上的推进策略。辅导员队伍的职业化、专业化的发展程度对个人的发展起

着至关重要的作用。辅导员的个体发展不仅有利于推动辅导员队伍的整体发展，也有利于推动辅导员队伍的职业化、专业化进程。

3. 研究辅导员的自我发展有助于提高高校学生工作管理水平

辅导员培养与发展也是高等教育的一部分，坚守高校育人的第一要务，应该充分重视辅导员在学生思想政治教育中的重要作用，使高校学生工作的管理水平和管理能力逐步走向科学化。2004 年以后，随着《意见》的颁布，辅导员队伍的发展迎来了新的春天。但是，高校在具体的政策落实上并没有前车之鉴，只能不断地调整和探索，"加强辅导员队伍建设"的口号已经持续很久，但是"雷声大，雨点小"。高校应在学习世界发达国家学生事务管理经验的基础上，仔细分析辅导员培养方面的不足，借鉴他人的成果、经验和教训，提高管理水平，培养出更多有用的人才。辅导员自我发展问题的研究对于国家政策、制度的落实与制定，辅导员职业的社会地位和职业声望的提高，辅导员职业发展的规划和设计都有积极的推动作用。

4. 研究辅导员的自我发展有助于激发辅导员的自省意识

"马克思主义认为，个别与一般是相互联结的，一般寓于个别之中。"❶ 人的发展总是处在一定的社会环境中，大到时代背景、社会背景，小至行业发展、学校环境。现有的任何环境对辅导员的自我发展都具有或多或少的影响，辅导员正是在与周围环境的相互作用中获得自我发展的。研究辅导员自我发展问题，在帮助辅导员了解自身所处的外部环境和空间，正确认识现有发展过程中的优势和劣势，明确发展中的有利条件和不利因素，因势利导，为自己的发展创造

---

❶ 中共中央文献研究室．十一届三中全会以来重要文献选读（下）[M]．北京：人民出版社，1987：654.

条件。同时，通过这一问题的研究和探讨，可以给发展中陷入困境的辅导员指明方向，提醒他们要不断努力，寻求发展中的突破，而不是一味地抱怨现有的客观条件，在审视自己的过程中，实现自省、自发、自觉、自立和自强，并最终获得自我发展。

三、研究综述

（一）国内研究综述

1. 关于检索资料情况的数据统计

我国的高校学生辅导员制度建立于 1953 年。通过检索近十年我国各界关于高校辅导员方面的研究资料，笔者了解到专家对辅导员队伍建设方面的研究逐渐深入，陆续出版了一些研究著作。这些论著都较为系统地阐述了高校辅导员工作的理论依据、实践探索及经验总结等。

通过检索，笔者看到带"辅导员"字样的专著还是比较多的，以"辅导员队伍建设和辅导员职业化、专业化"为题的专著较多。另外，专著的用途多为培训教材，特别是探讨了很多理论与实务问题；但对某一理论问题的深度挖掘很有限，没有涉及"辅导员发展"或者"自我发展字样"的专著。仅有三本专著探讨了高校辅导员职业生涯规划问题，虽然这只是涉及辅导员自我发展中需要关注的一个环节，但是说明越来越多的人开始关注辅导员个体的发展问题了。值得欣慰的是，通过统计可以看出，2011—2016 年，专著数量增多，特别是实证，实践、案例、手记这类的专著大都产生于这五年，说明 2004 年之后，辅导员队伍的发展日渐繁荣，随之而来的各种新情况、新问题不断涌现，需要更为深入的理论指导，也有更多的人更加关注于研究辅导员队伍的建设问题。

借助中国知网的搜索引擎，以"篇名/题名"作为检索项，分别以"辅导员""辅导员队伍""辅导员制度""辅导员发展""辅导员素质""辅导员专业化""辅导员自我发展""高校教师自我发展"等关键词进行检索，结果见表1–1。

表1–1 与辅导员相关文献数量一览表

库 别	检索词							
	辅导员	辅导员队伍	辅导员制度	辅导员素质	辅导员发展	辅导员专业化	高校教师自我发展	辅导员自我发展
期刊（篇）	19605	3284	251	892	1013	1467	64	18
硕士学位论文（篇）	859	218	9	34	43	88	0	0
博士学位论文（篇）	17	0	2	1	3	2	0	0
合计（篇）	20481	3502	262	927	1059	1557	64	18

注：数据至2016年。

以2004年《意见》颁布实施为时间节点进行搜索，见表1–2。

表1–2 与辅导员相关文献数量一览表

库 别	检索词							
	辅导员	辅导员队伍	辅导员制度	辅导员素质	辅导员发展	辅导员专业化	高校教师自我发展	辅导员自我发展
硕士学位论文（篇）	859	218	9	34	43	17	0	0
博士学位论文（篇）	17	0	2	1	3	1	0	0
合计（篇）	19763	3403	254	839	1049	321	62	18

注：数据取自2004年至2016年。

从检索结果看,有关"辅导员"及其相关课题的研究绝大多数集中在2004年《意见》颁布之后,并呈现出逐年递增的研究趋势。2014年《意见》的颁布,标志着高校辅导员队伍建设进入了一个崭新的发展阶段,有关辅导员相关课题的研究也逐渐增多,从而为辅导员工作实践积累了较为丰富的理论基础。在中国知网,以"辅导员"为检索词,共有19763篇文献资料。其中以"辅导员队伍"为研究内容的文献数量居多,以"辅导员自我发展"为题研究的文献数量远远少于对"辅导员队伍""辅导员制度""辅导员发展""辅导员素质""辅导员专业化""辅导员自我发展""高校教师自我发展"的研究。由此可见,关于辅导员自我发展理论的研究仍然比较少,辅导员自我发展问题仍具有很大的研究空间。

2. 关于辅导员相关问题的主要研究内容

（1）关于辅导员角色扮演、作用发挥、重要性认识的研究

冯刚❶认为,高校辅导员是大学生思想政治教育的骨干力量,其作用是不可替代的。高校辅导员肩负着教育和管理的职能；肩负着加强基层党支部建设、提高基层战斗堡垒作用的使命；肩负着维护学生切身利益和高校稳定的重任。

刘海存、于葳❷认为,高校辅导员作为高校学生工作的中坚力量,在高校学生工作中承担着思想政治理论传播者、职业规划导师、心理健康医生等重要角色,还承担着校园文化活动设计者、学生矛盾调解员等职业角色。

孙定建❸认为,辅导员既是高校思想政治教育的实施者,也是大学生日常工作生活的管理者。其个人能力、素质水平,既直接关系高校思想政治教育的

---

❶ 冯刚,陈立民.着力建设一支高水平的辅导员、班主任队伍 [N].光明日报,2005-09-14.

❷ 刘海存,于葳.高校辅导员的角色定位 [J].南京工业大学学报（社会科学版）,2005(4)：562–565.

❸ 孙定建.浅议高校辅导员的素质建设 [J].吉林师范大学学报（人文社会科学版）,2003(3)：102–104.

质量和大学校园文化建设的质量，又关系高校人才培养的质量。

陈德胜 ❶ 认为，辅导员对大学生教育和管理职能主要体现在咨询和服务两个重要方面。除此之外，学习、合作和指导这三个方面的职能也很突出。

陈亨泰 ❷ 认为，辅导员队伍素质的高低，对于帮助大学生树立正确的世界观、人生观和价值观具有重要的意义。高素质的辅导员有利于及时化解学生学习、生活、情感、择业等方面的矛盾，有益于培养学生阳光的积极的生活态度和工作态度。

目前，对我国高校辅导员队伍重要性的认识在不断增强，但在充分肯定辅导员工作重要性的同时，辅导员的角色该如何准确定位，应该如何正确履行辅导员工作职能，还存在较多争论。

（2）关于影响辅导员工作的因素和问题的研究

王晶 ❸ 认为，影响辅导员队伍自身发展有两个重要方面：一是辅导员知识增长，业务能力的提升速度，与学校改革和发展、学生成长成才需求不相匹配。二是辅导员队伍流动性大、稳定性差的问题。随着知识经济时代的到来，国际、国内经济政治、格局的变化，以及意识形态的冲击，使辅导员的工作日益复杂化；高等教育体制改革，高校发展中的新情况、新问题都给辅导员的工作不断提出了新要求；网络新媒体的迅猛发展，大学生群体的变化，个体的多元化发展使辅导员的工作内容增多、难度加大。

卢吉超 ❹ 通过对高校辅导员队伍现状的调查，总结影响辅导员队伍整体发展的主要问题表现在辅导员队伍的流动性大，辅导员个人的综合素质和业务能

❶ 陈德胜，徐刚，崔忠洲.学分制条件下辅导员角色的定位 [J].安庆师范学院学报，2006(1)：107–109.

❷ 陈亨泰.建设高素质的高校辅导员队伍论略 [J].教育评论，1998(4)：49–50.

❸ 王晶.新时期高校辅导员工作面临的挑战与对策 [J].长沙大学学报，2006(1)：138–140.

❹ 卢吉超.社会转型期高校辅导员队伍建设与管理研究 [D].上海：华东师范大学，2005.

力不够，辅导员队伍的人员结构不完全合理，辅导员队伍的发展空间不大等。他认为造成这些问题的主要原因，一是管理体制机制没有结合辅导员队伍发展实际加以调整和设计；二是国家和地方关于辅导员的相关政策的落实和制度的实施还不够到位。

丁敢、廖梅杰❶则从辅导员心理状态、工作压力的角度进行调研，以浙江师范大学辅导员为调查对象，从构成辅导员职业压力等的各个方面分析了影响辅导员心理健康的诸多因素，倡议增加对辅导员的人文关怀，从家庭、工作、个人等方面充分考虑辅导员的诉求。

上述诸位学者对辅导员开展工作的影响因素的分析和研究，反映出我国高校学生思想政治教育的影响因素十分复杂。究其原因，有的是源于辅导员队伍建设的体制机制问题，有的是源于对辅导员职业认知程度问题，有的是源于辅导员自身素质问题。从辅导员自我发展的角度入手，加强对辅导员职业生涯规划的思考，是一个很好的研究角度。

（3）关于国内学生工作同国外学生事务管理工作的比较研究

关于国内学生工作与国外学生事务管理工作的比较研究，集中在相关概念、从业标准、管理模式，体制机制等方面。

蔡国春❷就我国学生工作和美国的学生事务进行比较研究后认为，中国和美国在学生工作的管理模式上有很大的差别。中国早期采取的是分散式管理，后来采用专、兼职管理；而美国采用的是多种形式的学生事务管理模式，形成了严谨的内部组织结构。

---

❶ 丁敢，廖梅杰. 新形势下高校辅导员心理压力及其调适——以浙江师范大学辅导员调查为例 [J]. 浙江师范大学学报（社会科学版），2006(2)：112–116.

❷ 蔡国春. 中、美两国高校学生事务管理体制和机制之比较 [J]. 比较教育研究，2001(7)：37–40.

通过比较研究，笔者发现，我国的辅导员制度和国外的学生事务管理有很大的不同。我国的辅导员制度有鲜明的特色和实际作用，这是历史的选择和现实的需要；相比之下，国外的学生事务管理工作职业化特征明显，有很多值得借鉴的管理经验和管理方法。

（4）关于辅导员队伍建设的研究

近些年来，辅导员队伍建设日渐得到了关注和重视。关于辅导员队伍建设的理论研究比较集中，主要从辅导员职业能力与业务素质提升、辅导员队伍培养机制和评价体系、辅导员管理体制机制的建立、辅导员队伍职业化、专业化发展路径等方面进行了理论研究。

李红革[1]通过对湖南省高校辅导员的职业品德做了调查研究，探讨了高校辅导员品德结构研究的理论意义和实践价值，提出了构成品德结构的三个要素——政治品格、道德品格和心理品格，并重点分析了这三大要素之间的相互关系和逻辑结构，从品德结构的形成规律的视角，提出了加强辅导员品德素质培养的有效路径。

杨晨光[2]认为，要破解辅导员职业发展的困境，单从辅导员个人的职业品德、能力素质、敬业精神等方面来寻求辅导员队伍整体发展是有积极作用的，但并不能从根本上解决辅导员队伍的整体发展的问题，还要通过不断提高辅导员队伍在学校教育工作中的地位和影响，建立健全辅导员队伍的管理体制、机制，按照辅导员职业化、专业化发展的规律推进辅导员队伍的整体发展。

毛力元[3]以马克思列宁主义的基础理论为依据，运用思想政治教育学的科

---

[1] 李红革.高校辅导员的品德结构研究 [D].上海：华东师范大学，2004.

[2] 杨晨光.热点透视：高校辅导员职业化还得再闯几道关 [N].中国教育报，2006-12-20.

[3] 毛力元.论高校学生辅导思想政治工作能力的构建 [D].上海：华东师范大学，2004.

学理论和工作方法，结合高校辅导员工作实际，对高校辅导员的角色定位、职业素养、工作能力及培养方式都做了有益的探索。

卜玉华认为❶，要激发辅导员队伍的活力和创造力，需要在辅导员的培养上放弃一些局限和控制，为辅导员工作提供充分的发展空间，让他们能够按照自己的方式来理解和认同辅导员工作，形成来自于自身内部的职业动机和职业选择。只有当辅导员投身于他们热爱的辅导员工作时，才能科学地制定辅导员职业生涯规划，形成自己的职业理想，才有可能把辅导员队伍建设成一个可以依靠的、稳定的职业群体。

（5）关于辅导员激励机制的研究

汤琳夏❷对辅导员队伍建设的激励机制做了深入的理性研究和探索，对于如何科学地建立激励机制，在人事管理机制的层面提出了五种方案：聘用制、两年任期制、五级职级制、岗位津贴制和养用机制。

刘淑慧❸以某大学为研究对象，运用 KPI 理论、层次分析法和模糊数学综合评判的理论，研究辅导员队伍现状，分析现有的绩效考评体系，建立了一套辅导员的考评体系，并在合理考评的基础上提出了辅导员队伍激励机制办法。

杜庆君❹认为，在辅导员激励机制上，要重视激发辅导员自身的工作动力，让辅导员在工作中体会价值感和成就感。在评价上体现出层次感，从而更能激发辅导员的工作积极性。精神激励比物质激励更能持续地调动辅导员的工作能

---

❶ 卜玉华 . 论高校辅导员队伍建设的道德维度 [J]. 思想理论教育 . 新德育，2005(3)：14–18.

❷ 汤琳夏 . 高校辅导员队伍激励机制研究一个设想方案的调查与思考——以上海大学为例 [D]. 上海：华东师范大学，2005.

❸ 刘淑慧 . 关于 ABC 大学辅导员绩效考评与激励的研究 [D]. 南京：东华大学，2004.

❹ 杜庆君 . "专业化＋职业化"：当前高校专职辅导员队伍建设的新视角 [J]. 山东省青年管理干部学院学报，2005(2)：98–99.

动性。同样，从学校机制完善和建立的角度看，机制的建立能够体现学校在辅导员评价上的价值取向所体现出的组织对这一群体的关心程度，这在辅导员队伍发展中具有重要的作用。学校加大投入建立健全各种机制，满足辅导员发展中的迫切需要，对于辅导员队伍的稳定和辅导员队伍建设也同样重要。

（6）关于辅导员队伍的职业化、专业化问题的研究

章小纯❶通过对高校辅导员队伍建设的现状进行抽样调查，分析了湖南省辅导员职业化、专业化的现状、问题和原因，并就如何推进湖南省高校辅导员队伍建设的职业化、专业化进程进行了比较系统的阐述。

卢吉超❷认为，在高校辅导员职业化、专业化的建设上，应该结合我国学生工作的实际，借鉴国外学生事务管理的经验和做法，从科学的管理体制、人本的管理方式及职业的队伍建设三个方面加以借鉴和吸收。

王洪才❸认为，辅导员队伍要想稳定，职业化是一个必然选择，这也是改变其辅导员某种程度"尴尬"地位的必然选择。但目前，高校并不完全具备辅导员职业化的很多客观条件，推进起来还存在实际困难。他认为，专业化是职业化的前提条件，要推动辅导员队伍的职业化，需要从辅导员的专业知识和学历入手，高学历化可以是一个解决渠道。此外，要完善辅导员培训和培养机制，给专业发展创造条件，为辅导员职业化进程铺路。

王克斌则是从辅导员队伍建设的长效机制的角度探讨了辅导员队伍的职业化、专业化发展。❹

❶ 章小纯.关于当前湖南省高校政治辅导员队伍建设问题、成因及对策思考 [D].上海：华东师范大学，2005.
❷ 卢吉超.社会转型期高校辅导员队伍建设与管理研究 [D].上海：华东师范大学，2005.
❸ 王洪才.高校辅导员队伍职业化探析 [J].国家教育行政学院学报，2006(6)：74–78.
❹ 王克斌，梁金霞.构建高校辅导员队伍建设长效机制的探索 [J].思想理论教育，2005(11)：22–26.

（7）关于辅导员自我发展问题的研究

随着辅导员在高校思想政治教育地位作用的确立，以辅导员为主题的研究成果数量呈现逐年攀升的趋势，共有 20480 篇，但从自我发展角度来研究辅导员队伍建设的却仅有 18 篇文章，在所有研究辅导员的文章中，占比不足 1%。由此可见，辅导员自我发展研究在辅导员理论研究中还有极大的潜力和空间。

在研究辅导员的相关著作中，提到辅导员自我发展问题的也不多见。

冯刚在《辅导员队伍专业化建设理论与实务》一书中提到，辅导员要积极采取行动，努力塑造未来，要坚定专业化发展的信心，树立职业化发展的理想，制定职业生涯规划，谋划人生发展的阶梯，不断学习进修，提高自身素质，重视教育研究，提高工作水平。

教育部思政司编著的《高等学校辅导员工作概论》一书中提到了辅导员自我发展与提高的重要性和必要性，并指出了自我发展的途径和内容，要通过学习、实践和不断的总结反思提升自己，并对高校辅导员的发展前景做了展望，辅导员工作将走向科学化、职业化和专业化。

刘海春在《高校辅导员职业生涯发展教程》一书中，从辅导员个人职业生涯发展规划的角度提供了切实可行的参照，并从职业生涯发展的理论到具体规划操作，做了全面细致的介绍和分析。

陈立民在《高校辅导员理论与实务》一书中提到，职业发展和职业生涯规划不仅仅是学生面临的问题，而且这一问题还影响到辅导员队伍的稳定和辅导员个体的发展。他从实战的角度，介绍辅导员的职业选择与职业适应，探讨了辅导员的职业流动与职业发展。

（二）国外研究综述

与我国高校辅导员工作可以类比的是国外学生事务管理工作。发达国家和地区的高校学生事务管理工作历史悠久，现已发展到职业化程度。对国外高校学生事务管理方面的研究，主要集中在以下四个方面。

1. 关于高校学生事务管理队伍职业化历史发展的研究

该研究认为，在国外发达国家，高校学生事务管理工作经历了萌芽、确立、发展与成熟四个阶段，经历了一个长期的发展过程，目前已经走上了职业化的道路。以美国为例，高校学生事务的管理，先后建立"替代父母制""学生人事工作""学生服务""学生发展"等多种模式，已经走上了专门化发展的道路。❶

2. 关于高校"学生事务""学生事务管理"概念及其演变的研究

该研究认为，美国高校的"学生事务"（Student Affairs）是相对于"学术事务"（Academic Affairs）而言的，它是指学生课外活动或非学术性事务及其管理。❷ 美国学生事务管理起步比较早，在 19 世纪末就产生了，经过一个多世纪的发展，现已经发展成熟，成为美国高等教育制度中独具特色的一部分，其先进性得到了世界各国的普遍认可。其概念经历了一个从学生人事模式（Student Personnel）、学生服务模式（Student Services）、学生发展模式（Student Development）、学生提升模式（Student Learning Imperative）的变迁过程，并且在不同的历史背景下，这些概念所表达的内涵也是不相同的。❸

---

❶ 蔡国春. 美国高校学生事务管理模式之嬗变 [J]. 吉林教育科学，2000(1)：47–50.

❷ 蔡国春. 高校学生事务管理概念的界定 [J]. 扬州大学学报，2000(2)：56–59.

❸ 马健生，滕珺. 美国高校学生事务管理的历史流变 [J]. 比较教育研究，2006(10)：63–69.

3. 关于高校学生事务管理理论基础的研究

该研究认为，美国高校学生事务管理工作的理论基础是学生发展理论。学生发展理论是 20 世纪以来逐步形成的，是在心理学发展理论的基础上产生的，罗杰斯（Carl Rogers）理论曾对学生事务管理起到了重要的指导作用，随着学生发展理论的不断丰富，已成为高校学生事务管理的理论基础，也是美国高校事务管理职业化、专业化理论的支撑和奠基学说。学生发展理论对学生事务工作的地位和作用有了更深刻的阐述，这对于推动学生事务管理职业化具有特殊意义。通过对学生发展内容及机制的科学探讨，人们认识到学生课外活动和非学术性事务的管理不仅为学术活动的健康发展提供保证，而且对于高等教育目标的实现也起到了重要的作用。❶另外，影响美国高校学生事务管理的哲学思想还有四种，即理性主义、新人道主义、实用主义和存在主义。❷

4. 关于高校学生事务管理队伍建设的研究

（1）关于高校学生事务管理队伍的地位、来源与构成的研究

该研究认为，国外学生事务管理者具有较高的职业地位，专业化较强，有自己专门从事的科学研究方向。他们主要是依靠专业知识为学生提供专业化的指导，职业归属感强。学生事务管理工作的职业化程度很高，事业发展比较稳定性，是可以终身从事的一门事业。在美国，有近百所大学专门设有培养学生事务管理者的研究生专业。学生事务管理是一门专门的学科，有独立的学科体系，专业化起点比较高。国外学生事务管理的岗位设置也比较科学完备，学生

---

❶ 欧阳敏 . 美国 "学生发展" 的理论与实践启示 [J]. 北京教育，2005(6)：55–56.

❷ 曾准 . 美国高校辅导员职业化探析 [J]. 广东商学院商业文化,2008(7)：141–142.

事务管理人员可分为初级、中级和高级三个不同层次，并有详细可操作的职业标准。初级、中级、高级管理人员的聘任和提升都有明确的要求和条件。因此，国外学生事务管理岗位被视为极受欢迎的职业，很多专业人士愿意选择这一职业，并且将其作为其终生的事业追求。学生事务管理队伍人员来源于社会，由学校牵头，面向全国公开招聘，这一点跟我国高校辅导员的选聘方式没有太大的不同。但是，国外鼓励社区、家庭、社会公益机构成员参与，不仅充分利用了社会教育资源，而且还提高了教师辅导水平。

（2）关于高校学生事务管理队伍素质要求的研究

该研究认为，管理人员素质是学生事务管理队伍的专业化、职业化最直接的体现，就是从事学生事务管理人员的职业素质和专业水平。教育部门对于从事学生事务管理工作人员入职起点是比较高的，要求申请人员必须具备专业知识及行政管理能力。初级岗位的人员需要获得心理咨询、职业指导、学生事务实践、学生发展等专业方面的硕士学位。若要取得中级层次的管理职位，申请者不仅需要一定的时间积累，还要获得相关领域的博士学位。对于高级管理人员，其学历学位必不可少，另外还需要丰富的学生事务管理经历和实践经验。

（3）关于高校学生事务管理队伍岗位培训的研究

该研究表明，为了满足职业要求，国外学生事务的管理部门会为学生事务管理人员提供专业的岗前培训和在职培训。培训比较系统和成熟，有固定的模式和流程。其培训内容丰富、形式多样，对于培训效果有较高的追求。❶

（4）关于高校学生事务管理机制的研究

该研究表明，国外高校学生事务管理多采取的是一级管理体制、条状管理

---

❶ 余开业.美国高校学生事务管理队伍建设及启示 [J].浙江万里学院学报，2005(3)：134–135.

方式、机构设置和权限划分在学校一级进行，直接面向学生开展工作。在管理方式上，各校根据自身的实际情况，呈现出灵活多样的特点。❶

综上，可以看到，国外高校学生事务管理队伍的职业化程度较高，有关学生事务管理方面的研究成果较为丰富，对我国高校辅导员队伍职业化的理论研究和实践具有非常重要的借鉴意义。但是，国外高校对于学生事务工作者的自我发展问题，没有过多的深入研究。虽然美国高校学生事务管理队伍的职业化，学生事务工作者也在走职业化和专业化道路，但我们必须从我国的实际情况出发，根据高等教育发展的规律，本着借鉴与创新相结合的原则，走出一条适合我国国情的高校辅导员发展道路。

（三）现有研究的局限

1. 对于辅导员自我发展的理论研究相当匮乏

在现有著作中，刘海春著的《高校辅导员职业生涯发展教程》一书中探讨了辅导员的职业生涯规划问题，但是仅仅局限在职业生涯规划这一环节，并不能全面地阐述自我发展的系统理论。在中国知网，以"辅导员自我发展"为关键词，共检索到相关文章 18 篇。这些文章大多数以"自我完善"和"自我发展"为题，其内容多数是从自身能力的培养，素质的提升方面加以阐述。到目前为止，还没有一篇硕士和博士论文完整而系统地探讨了高校辅导员自我发展问题。

我国高校辅导员自我发展问题研究的欠缺，显示我国高校对于辅导员队伍

---

❶ 朱炜. 发达国家高校学生事务管理比较及其启示 [J]. 黑龙江高教研究，2003(6)：150–152.

建设问题的科学性认识程度较低，对辅导员制度在实践探索中的模糊混乱，也表现出对辅导员人本关怀的缺乏。简言之，目前，人们对学生工作及辅导员队伍在大学生全面发展的重要意义和作用认识的重视程度还非常不够。

2. 对于高校辅导员自我发展的理论研究与实践联系不紧密

现有研究大多停留在对高校辅导员自我发展走向的理论探讨上，对于发展途径实践探讨较少。对于辅导员队伍的建设和发展问题的理论研究，大都来源于思想政治教育专家。因此，对于辅导员工作的理论研究，经验性、政治性的研究风格较为明显。对辅导员队伍建设中存在的问题分析有余、措施不足。尤其将辅导员自身作为一个研究对象，进行专业性、全方位的研究还很少，面对辅导员自我发展问题的分析不够深入，虽然对于发展道路的选择上比较明确，也提出了职业化、专业化的路径，但是解决办法不够，或者实际操作效果不好。这一方面显示出我国管理学生工作研究的理论欠缺，对辅导员工作理论提升的不重视；另一方面，理论探讨还不能真正用于大学生思想政治教育工作的实践，并能使广大教育工作者真正达成共识，理论和实践之间还有相当距离。

3. 对于自我发展的微观心理动力探讨不足

在自我发展问题的探讨上，国家的法律法规，政策的制定和实施，包括与政策相匹配的举措、辅导员的职业化进程的快慢，各高校对于政策的落地等都是辅导员发展的外部环境，是客观因素、是外因；而真正起决定性作用的是内因，辅导员真正的发展还要靠自身的努力。但是对于辅导员自身来说，促使辅导员积极规划自己的职业生涯、努力提升自己的职业素养、实现自我发展的内在因素可能是对这一职业的热爱和认同。如何增强这一微观上的心理动力，是辅导员本身的内因，是辅导员自我发展的决定因素。由于兴趣是最好的老师，所以在职业归属感、责任感的激发与塑造上的探讨和研究很重要，但现有研究对比探讨不足。

四、研究思路、方法及创新之处

（一）研究思路

本书的研究思路以辅导员自我发展的内涵、特点、本质为主要切入点，对辅导员的发展问题进行了重新定位。本书结合现有辅导员自我发展的现实境遇与经验，通过普遍性调研和个案访谈分析的方法，分析辅导员自我发展的现状，发掘辅导员自我发展中的各种问题，进一步剖析阻碍辅导员自我发展的原因。最后，本书从不断增强职业认同感和归属感入手，以加强辅导员的职业生涯规划与自我管理为手段，在理论与实践中全面提升辅导员的职业能力与专业素养，最终走上辅导员专业化的发展路径上，实现辅导员的自我良性发展。

（二）研究方法

1. 文献研究法

本书围绕我国高校辅导员自我发展的主题，采取文献检索法获取了与辅导员队伍建设及辅导员个人素养提升相关的文献资料，并进行了详细的筛选、整理和分析。本书搜集的文献类型主要包括中华人民共和国成立以来国家颁布的有关高校辅导员的法律法规文件，部分省、自治区、直辖市相关的制度、规定，以及有关的期刊论文和著作。

2. 比较研究法

有比较才能看到差别，看到差别才能借鉴优势。比较研究法既是确定对象间异同的一种逻辑思维方法，也是一种具体的研究方法。本书主要是通过国内与国外比较，分析发达国家学生事务管理者职业化发展的做法和经验，从而为我国高校辅导员自我发展提供有益的借鉴。

3. 理论分析法

由于理论思维是人类对现实进行认识和研究的基础，所以理论分析法在学术研究中具有十分重要的意义。本书主要运用马克思主义哲学、思想政治教育学、管理学、心理学和教育学的一些理论，以人的全面发展理论、人的本质理论和职业生涯规划理论等作为理论基础，对辅导员自我发展的有关问题进行了理性分析。

4. 调查研究法

调查研究是通过对调查材料进行去粗取精、去伪存真、由此及彼、由表及里的思维加工，以获得对客观事物本质和规律的认识。本书针对辅导员群体及个体科学设计针对性较强的调查问卷和访谈提纲，调查样本范围涉及不同地域、不同类别、不同层次高校的辅导员，将搜集到的第一手材料，详细地进行了数据分析、整理，为解决问题提供了参考依据。

（三）创新之处

1. 研究视角的创新

学术界对于高校辅导员的发展问题的探讨并不少，但多数是从辅导员队伍整体的角度或者从辅导员职业发展的角度来探讨的。本书突破了以往研究的视角，从辅导员自我发展的角度来探讨问题，从辅导员自身的角度寻求解决辅导员职业发展困境的道路。

2. 研究内容的创新

从辅导员个人发展的整体性来看，关注辅导员自身在发展中的作用，是基于内因在将外界客观条件转化为自身专业发展动力过程中的不可替代的作用。因此，在自我发展路径的探讨中，笔者关注微观心理动力因素，并多次提到了自我意识的独特作用，包括职业认同意识、职业生涯规划意识、学习创新意识等，希望通过意识的唤醒解决行动上的迟疑，以解决辅导员发展问题。

第二章　高校辅导员自我发展概述

一、高校辅导员自我发展的概念

（一）高校辅导员

高校辅导员的产生与高校辅导员制度的建立密不可分。20 世纪 30 年代，中国共产党在政治干部学院实施的政治指导员制度，意味着高校辅导员制度的诞生，高校辅导员这一职业也随之而来。

1933 年，"中国工农红军大学"在江西瑞金成立了，学校设立了教务处和校务处：教务处主要负责全校教务和训育工作；校务处主要负责学校的行政工作。教务处中的训育工作职能就相当于现在的大学生思想政治教育工作。1936 年，"中国工农红军大学"迁移至陕西的瓦窑堡，更名为"抗日红军大学"。1937 年，"抗日红军大学"搬迁至延安，更名为"中国人民抗日军政大学"，简称"抗大"，设立了校务部、训练部、政治部三大部门。政治部下设有秘书、训育、组织、宣传四科，主要负责党的思想政治工作。同时，抗大政治部参照部队编制将学院分成几个大队，大队下设支队，支队下设若干个中队。政治部按照大队、支队、中队分别配备政治委员、政治协调员和政治指导员。其中，政治指导员直接与学生接触，指导学生思想、学习和生活等各方面事宜，这就是高校辅导员的雏形。❶

20世纪50年代，辅导员制度以文件的形式制度化，并开始明确提出了"政治辅导员"这一称谓。1951年，政务院在《关于调整方案的国家研究所的报告》的审批中，清晰表示各工学院设立专人担任各级政治辅导员负责大学生的政治、思想和学习等方面的工作。❷ 1952年，教育部下发文件《关于在高等学校有重点的实行政治工作制度的指示》（以下简称《指示》），该指示指出："有准备地设立高等学校政治工作机构，名称为'政治辅导员处'。"❸ 政治辅导员处配备辅导员若干人。

1953年，清华大学校长蒋南祥首次提出了学生政治辅导员制度，并在清华大学高年级学生中选拔了一些同学做兼职的辅导员。这些同学都是政治觉悟高、业务素质好的高年级学生。他们承担了做同学们的政治思想工作的任务，这是高校辅导员工作的新探索，高校辅导员制度进入了一个新的时代。❹

1961年，中共中央在批准试行的《教育部直属高等学校暂行工作条例（草案）》中明确指出："为了加强思想政治工作，在一、二年级设政治辅导员或者班主任，从专职的党政干部、政治理论课教师和其他青年教师中挑选有一定政治工作经验的人担任。同时，要逐步培养和配备一批专职的政治辅导员。"❺ "这

---

❶ 文建龙 . 我国高校辅导员制度的缘起及渐变轨迹 [J]. 上海青年管理干部学院学报，2003(3).

❷ 关于全工学院调整方案的报告 [N]. 人民日报，1952-04-16.

❸ 龚海泉 . 当代大学德育史论 [M]. 武汉：华中师范大学出版社，1997：246.

❹ 张再兴 . 商校辅导员队伍建设理论实践 [M]. 北京：人民出版社，2010：48.

❺ 王昌华、杨滨章、李效民 . 政治辅导员工作概论 [M]. 哈尔滨：黑龙江人民出版社，1983：255–256.

是在中共中央文件中第一次正式提出要在高等学校设置专职政治辅导员。"❶ 高校辅导员最开始全称为"政治辅导员"。1989 年，河南人民出版社出版的《简明思想政治教育辞典》将"政治辅导员"定义为："高校党组织派到各年级做学生思想政治工作的基层干部。"❷ 这些基层干部主要是"根据工作需要和具体情况选拔政治觉悟高，作风正派，有一定理论水平和政治工作能力，热爱学生工作，有朝气，有干劲，年龄较轻，具有大学文化程度的教师、干部和高年级学生中的共产党员担任 (兼职)"。❸

　　1995 年，《中国大百科全书（教育卷）》把"学生政治辅导员"定义为："中国高等学校的基层政治工作干部，基本任务是对学生进行政治教育，做好学生的思想政治工作。"❹ 2004 年，中共中央和国务院颁布的《关于进一步加强和改进大学生思想政治教育的意见》指出："辅导员按照党委的部署有针对性地开展思想政治教育活动。"❺ 2006 年，教育部颁布的《普通高等学校辅导员队伍建设规定》中指出："辅导员是高等学校教师队伍和管理队伍的重要组成部分，具有教师和干部的双重身份。辅导员是开展大学生思想政治教育的骨干力量，是大学生日常思想政治教育和管理工作的组织者、实施者和指导者。"❻《教育大词典》里将"高校辅导员"界定为"是在中国高校中从事学生思想政治工作和学生管理

---

❶ 张再兴 . 高校辅导员队伍建设理论与实践 [M]. 北京：人民出版社，2010：50.

❷ 宋子 . 简明思想政治教育辞典 [M]. 郑州：河南人民出版社，1989：331.

❸ 同❷。

❹ 中国大百科全书总编辑委员会 . 中国大百科全书（教育卷）[M]. 北京：中国大百科全书出版社，1995：439.

❺ 教育部思想政治工作司组 . 加强和改进大学生思想政治教育重要文献选编（1978—2008）[M]. 北京：中国人民大学出版社，2008：383.

❻ 教育部思想政治工作司组 . 加强和改进大学生思想政治教育重要文献选编（1978—2008）[M]. 北京：中国人民大学出版社，2008：492.

的人员，是学生在校期间德、智、体全面发展的导师，是高校思想政治工作队伍的重要组成部分，是学校领导和学生之间的联系纽带，是党的工作在大学生中的具体执行者。其基本任务是在校系党组织的领导下，根据培养目标和学生思想发展规律，组织、协调各方面的力量，共同对学生进行思想政治教育"。❶

随着高校辅导员制度的发展，以及工作职能重点的不同，辅导员的称谓也发生了一系列变化，由"政治指导员"转变为"政治辅导员""政工干部""政治工作队伍""思想政治工作队伍""德育队伍"，最终定名为高校"学生辅导员"。不同时期的不同名称并不是毫无意义的变更，工作的实质和内容也是有所侧重的。

1. 政治指导员——侧重于党的政治工作

为了保证党对军队的绝对领导，党在抗日军政大学中建立起政治指导员制度，其初衷是为了加强军队思想政治工作。这是我党加强军队思想政治工作的一项重要举措。其目的是通过政治指导员的思想政治工作，保证政工干部具有高度的阶级立场和政治觉悟，保证铁的纪律和顽强的战斗作风。事实证明，这一举措大大增强了人民军队的战斗力。中华人民共和国成立后，为确保党的教育方针能够在高校中顺利实施，保证党在教育战线的领导地位，将政治指导员制度在高校中实施，学校中的党委宣传部、学生工作部"两课"的教学部、办公室、教务处、团委等组织，共同构成了学生思想政治工作的主要职能部门。这一时期，辅导员工作的基本任务是对学生进行政治教育。

2. 政治辅导员——侧重于大学思想政治教育

党的十一届三中全会后，中国进入改革开放和社会主义现代化建设的新

---

❶ 孙培青. 中国教育管理史 [M]. 北京：人民教育出版社，1996.

时期，思想政治工作、学生教育等问题成为焦点。这就要求思想政治工作队伍、政治辅导员、德育队伍的思想政治工作，主要服务于以下目标：提高大学生社会主义觉悟，为社会主义"四个现代化"努力学习，使他们坚定社会主义政治方向，增强对资产阶级腐朽思想和各种错误思想的政治鉴别力和抵抗力，坚持四项基本原则，坚持改革开放，树立正确的世界观、人生观和价值观，坚定理想信念，热爱祖国，热爱人民，为实现具有中国特色的社会主义现代化而献身。

20世纪90年代，随着社会主义市场经济和改革开放不断深入，社会环境的日益复杂，需要对大学的培养方向和培养目标进行重新考虑和界定，思想政治教育在内容上等同于道德教育。这时的大学生思想政治教育已经不单单是简单的政治内涵，政治色彩开始弱化，开始向大德育方向发展。

3. 学生辅导员——侧重于思想政治教育和大学生全面发展

2004年，党中央《关于进一步加强和改进大学生思想政治教育的意见》颁布。2005年，全国加强和改进大学生思想政治教育工作会议召开，强调以人为本、德育为先；在整个教育教学方面，以理想信念教育始终贯穿于思想政治教育之中，以爱国主义教育为重点，以思想道德建设为目标。辅导员承担着学生的全面发展及教育指导，肩负起大学生健康成长成才的重要使命。他们传播科学理念，指导学生面对各种社会思潮保持冷静，在不同的意识形态斗争中做出正确的选择，帮助学生解决实际困难，保持校园的安全与稳定。

从上述内容可以看出，尽管高校辅导员在不同的著作中称谓、解释各不相同，但都有一个共同特点，即高校辅导员是指从事大学生思想政治教育和日常管理的工作人员，具有教师和行政的双重身份。随着时代的不断进步，以及高等教育的不断发展，高校辅导员的职责要求、身份定位、培养发展等也相应地发生着变化，高校辅导员这一概念的内涵也被赋予了新的内容。

（二）自我发展

1. 自我

自我是人类个体与动物相区别的本质特征，是人类个体行为的动力之源。在心理学，自我的研究分为两个方向：首先是自我结构的研究，通过自我结构中的元素的分析，了解自我的最根本的性质，表明自我操作的研究方向；其次，自主开发研究，探索人类个体自我相关进程的发展和影响因素。

自主发展是自我心理学的一个重要概念。自我心理学起源于弗洛伊德的系统中，由哈特曼（Hens Hartmann，1894—1970）创立，并通过斯皮茨、马勒、雅各布森的不懈努力，最后由埃里克森（Hens Hartmann，1894—1970）使其走向蓬勃发展。

弗洛伊德（Sigmund Freud，1856—1939）是一个"自我"理论家，他把人类的精神世界划分为三个区域，分别为本我、自我和超我。本我是天生的、无意识的，是人类生活的力量源泉，是自我和超我发展的内在驱动力，其表现根本就是单纯追求本能的满足感受幸福。由于本我不能总对现实生活感到满意，有一部分本我经历特殊的体验，就发展成为具有一定理性的自我。弗洛伊德认为，自我或自我发展根据自己本能驱动的功能，个人自我发展的历史中就是他的感受、需求、欲望和本能冲动的生活史。在弗洛伊德看来，自我是现实的本能，超我是自我的道德，是人格的最终形式，是最文明的一部分。自我心理学之父哈特曼（Heinz Hartmann）认为，自我在发展是自我的自主性发展。在他看来，自我的自主性发展有两种：一是初级自主性（primary autonomy），一是次级自主性（second autonomy）。所谓初级的自主性是指那些先天的自我机能。这种自我机能一旦从未分化的基质中分化出来，就对环境起着适应的作用。它在个体的心理发展中主要表现为一种自我机能的成熟过程。所谓次级自主性是指可以适应生活的自我机能。也就是说，它们最初是一种独立的结构，摆脱了冲突的领域。他认为，防御最先存在于本能中，这一反本能的防御机制同时可以被看成一种适应过程。

埃里克森创立的"个性逐渐说"认为："自我在人格的发展中起了重要的作用。"自我不再是弗洛伊德的超我的产物。如果自我是一个心理过程，它则包含了人类的自觉行动，并可以控制它。自我是过去和现在经验的结合。它可以在进化的过程中"结合两种力量，就是内心生活和社会计划"，引导心理愿望的正确发展，铸造个人的命运。自我过程的重要性已经逐渐失去了保护，言论、思想和行为具有独立性质的表达，并具有自我适应功能内部和外部的力量。

2. 自我发展

自我的本质在于做自己的主人，是每一个有形个体的无形主宰，突出了人作为"类"的个体存在的主体性。自我是一个过程，自我的显著功能在于对人自身的调节。人是悖论性的存在。自我的本质在于其是自己的主人，突出人的主体性。自我是一个过程，自我的显著功能是对自身的调控。人是一种悖论性的存在。悖论是事物（精神）的自我矛盾，自我矛盾就是自我否定。它表明事物（精神）总是处在自我分化（异化）和自我整合（扬弃）的过程中，并且构成一个螺旋式上升的"圆圈"。这就是事物（精神）的自我发展。

自我发展是连续的分化和整合的过程。这意味着成长、改变和生活，意味着个体的主动发展。自我发展对个体人格发展具有非常重要的作用。人格发展是在一定意义上的自我发展。自我是一个心理过程，表现为自主性和适应性。自主发展是一个人的生理性和社会性发展。在权力制衡和适应的过程中，自我在与环境之间的相互作用中不断发展。自主发展涵盖了生存和生命的发展。自我发展赋予生命的价值和意义。自我发展基于人类的生存体验和生命体验，充分发挥人的主体性。它是一种创造性的思考和实践，这是一种使人们的潜能充分展现和生命的意义不断澄清的做法。

3. 自我发展相关理论

（1）沙利文的自我发展理论（Sullivan's Ego-Development Theory）

沙利文等人创立的一种自我发展阶段说，又称"人际整合层次"或"一般心理发展"，实际上是一种人格发展理论。沙利文等人在圣地亚哥的伊里安查营地青年海军司令部研究学习。在此期间的工作每当涉及人格发展，他们都会探讨人格的核心结构。这个核心结构包括需求、期望、感知和体验于一体的综合认知模式。在这种理论中，人格的核心是发展到一定水平的相对稳定的时间间隔。随着别人的了解，促进自己理解这种个性，表达自我的核心的发展，从而建立一个独特的能满足他，同时也使他能够控制的目标、价值观和愿望内部集成系统。

他们对各个连续发展的层次上整理出以下核心问题：第一层次，核心问题是整合过程中的分离。第二层次，核心问题是非我区别的整合。第三层次，核心问题是规律的整合。第四层次，核心问题是反应的个体化。第五层次，核心问题是持续性整合。第六层次，核心问题是自我一致的整合。第七层次，核心问题是相对性、运动和变化的整合作用。

（2）卢文格的自我发展理论（Loevinger's Ego-Development Theory）

卢文格是美国华盛顿大学的心理学教授，当代著名西方发展心理学家，长期以来一直在研究自主开发，是发展型的代表人物之一。卢文格的自我发展理论可以分为四个方面：自主开发的特点，战略和测量问题，各阶段和不同类型的划分，以及自我发展的阶段。根据卢文格的理论，自我发展的基本特征：自我发展是一个过程、一个结构。其原因是，社会功能作为一个整体，受目的和意义的影响。

（3）艾萨克斯的自我发展理论（Isaacs's Ego-Development Theory）

艾萨克斯的自我发展阶段理论，也被称为"人际发展说"，实际上是一种人格发展理论。艾萨克斯自我发展理论的核心词是"关系"。它涉及人际交往能力的发展。弗洛伊德认为，心理性欲和认知发展是自我发展的重要体现，主要是加强其与他人的差异，增加对别人的描述和赞赏。这种差异主要是描述和赞赏，首先是情绪，其次是理性，最后是情感。而另一些人的情感认知是关系的发展。艾萨克斯要确定大学生的发展和心理治疗的患者作为测试对象之间的关系，利用主观感官测试（TAT）作为测试手段。他把这种关系的发展分为几个层次，各有不同的表达形式。尽管这些形式是不稳定的，但它们在给定时间显示出相对稳定的状态，发展的连续性比其他生长的序列要长，将一直持续到中年以后。

（4）帕克的自我发展理论（Peck's Ego-Development Theory）

由帕克创立的一种自我发展的类型说。帕克认为，自我发展的核心问题是动机的道德品质的概念，分别描述了五种不同类型的个性，每一个类型代表心理发展的不同阶段。他想利用这五种类型涵盖所有可能的适应模式。在帕克看来，因为每个人的行为都是可变的，所以这五个动机模式也就构成了个人人格的组成部分。人们可根据主要成分进行分类。

（5）塞尔门的自我发展理论（Selman's Ego-Development Theory）

自我发展的一种学说由赛尔门创立。塞尔门主持哈佛乔治贝克社会推理研究，探讨了人际推理的发展，特别是要选择别人的观点的能力。塞尔门认为，人际观以能力为重点，以自我发展界定人际关系发展观的四个基本组成部分：主体、自我意识、个性和人际关系自本质（即隐含的思想和感情的理解）。在塞尔门的理论中，个人的观念和人际关系的概念，可以在复杂的过程中进行合并。人格结构的组成部分是相互关联，以及他与其他人的关系决定了个体的主观感受。

（三）高校辅导员的自我发展

如前所述，人的自我发展涵盖了人的一生的发展，是从幼稚走向成熟，不断完善的过程。因此，高校辅导员的自我发展有两层含义：一是指在人类自身发展的一般意义上，作为一个自然人在自然和社会的力量中平衡和适应自我的过程。二是自身发展的职业限制感。作为大学生的人生导师和知心朋友，日常思想政治教育的管理者、实施者，自我发展在其专业素养的提高。

本书所要探讨的是辅导员在职业限定意义上的自我发展，把高校辅导员的自我发展专业水准和专业要求结合起来，强调在职业上的自我发展。对此，有人认为，辅导员自我发展是由于学生的工作经验和反思对学生的工作积累，以获得专业性改善和发展。也有人认为，辅导员自我发展是提升专业水准和专业表现，实践和学习过程的选择，实现专业成长，提高学习效率。这些定义主要是从目标或过程解读辅导员自我发展，没有突出的辅导员自我发展应该是自主性的自我。

笔者认为，自我发展是指高校辅导员本着具有对工作的责任感和职业的使命感进行自我目标定位、自我资源调配、自我激励和自我约束的一种内生机制。高校辅导员通过自我评价，积极主动地学习和锻炼，并在他们的工作中发挥自己的聪明才智和创造力，进而使自己有了全面的发展。其前提是自我发展唤起了辅导员的自我意识和主体意识，使其自身能够有自己的思想和行为、有清晰的认识，并根据国家要求，学校和社会的期望，自我评价和自我，调整或修改，以便找到双方自身的全面发展，也有利于政治发展道路的行为。

因此，高校辅导员的自我发展被理解为在自己的职业专业发展，就是在严格的专业培训和自我主动学习的基础上，逐渐成长为一个专业的发展。因此，高校辅导员的自我发展是积极利用自己的主观条件、客观条件，帮助其在教育主体意识、价值追求和个人的业务能力等方面进行自身的完善和增强。

二、高校辅导员自我发展的本质

（一）自我发展是一种过程

发展是一个哲学术语，是指事物从无到有，从小到大，从简单到复杂，从低到高，从旧物质向新物质运动变化的过程。究其原因，事物的发展是事物之间的关系的普遍性，事物发展的根本是事物的内部矛盾，也就是内因。唯物辩证法认为，物质是运动的物质，运动是物质的根本属性，而向前的、上升的、进步的运动就是发展。发展的根源是事物的内部矛盾。自我发展是辅导员发现自我存在价值、实现完整自我、提升生活和行为质量的学习与成长过程。辅导员的自我发展是一种寻求思考自身与超越自身的存在方式，这种方式使人们能够在言行中感受到何为辅导员。

（二）自我发展是一种目标

马克思、恩格斯在《德意志意识形态》《共产党宣言》等多部著作中，对人的自由全面发展做了丰富的论述。他们提出，人类发展的目标是"通过人并且为了人而对人的本质的真正占有" ❶ "人以一种全面的方式，也就是说，作为一个完整的人，占有自己的全面的本质" ❷。马克思强调全体社会成员的智力和体力都要在生产过程中的全面的、自由的、协调的发展，使人们成为"各方面都有能力的人，即能通晓整个生产关系的人" ❸。马克思还指出，人应当是一个"完整人"，全面发展的人。而社会发展的未来目标则是一种"以每个人的全面而自由的发展为基本原则的社会形式" ❹ "代替那存在着阶级和阶级对立的资产阶级旧社会的，将是这样一个联合体。在那里，每个人的自由发展是一切人的自由发展的条件" ❺。马克思关于人的自由全面发展的多种阐述，包含了德、智、体、美诸方面的全面而协调的发展，是优化人自身的素质结构，提高适应环境、认识事物、变革事物、驾驭事物、创造事物与创造和谐关系的能力，提高人生的价值与精神境界。这是个人的发展目标，同时也是社会的发展目标。

❶ 中共中央编译局.马克思恩格斯全集（第3卷）[M].北京：人民出版社，2002：297.
❷ 中共中央编译局.马克思恩格斯全集（第3卷）[M].北京：人民出版社，2002：302.
❸ 中共中央编译局.马克思恩格斯全集（第4卷）[M].北京：人民出版社，1958：370.
❹ 中共中央编译局.马克思恩格斯选集（第2卷）[M].北京：人民出版社，1995：239.
❺ 中共中央编译局.马克思恩格斯选集（第1卷）[M].北京：人民出版社，1995：294.

（三）自我发展是一种"自我"

"自我"在这里主要指的是自我意识，人的自我意识是自我发展的基础。柏拉图曾经说过："凡是自动的才是动的初始。"❶ 人的素质是一个自我再生、自我更新和自我完善的能力。没有自我意识的人，就不可能有持续发展。真正优秀的人的自我教育意识，能够体现、可以调整，有精神、能适应，具有较强的自我更新能力和知识转化为智慧的能力。独立的自我意识对辅导员自身的专业发展具有很大的影响力，而成长和发展的第一步就在于自身的反思、自身对自身的评价和自身的自我改造。任何形式的反思都是基于自我意识的成熟。因此，自我发展本质上是自我的。自我意识的觉醒，是体现主体的主观能动性的活动。与一般的发展不同，自我发展的效果与自我有很大的关系。

三、高校辅导员自我发展的特点

（一）主体性

辅导员的自我发展，在某种程度上可以理解为自我教育，通过自我教育的方式，实现自我发展的目的。因此，辅导员的自我发展具有自我教育的特性，最大的特性就是主体性，即人的主体性能得到最大限度的发挥。

"主体性是指人及其自由、自觉的能动活动所表现出来的基本特质，是人通

---

❶ 柏拉图 . 柏拉图文艺对话集 [M]. 朱光潜译 . 北京 : 人民文学出版社，1983 : 119.

过实践活动改造客体并使其发生变化以满足人的需要的质的规定性。"❶作为实践活动的主体，主体的主动性、自主性、创造性和超越性等方面都体现出来了。在一般教育活动和人们的固有观念中，受教育者是被动接受教育内容的，被教育的客体地位也跃然纸上，因而从众意识呼之欲出，而受教育者的主体性黯然失色。

与此相反的是自我教育，是受教育者在个体或他我教育下独立地进行，不影响自我在教育和受教育选择之间的切换。根据自己的实际的思想政治道德素质和内部经验，然后提出自己的发展目标，根据教育内容选择适当的具体要求，有意识地规划，建立一个合理的情境，自己主动接受教育。它们可以让理想与现实不再相隔千里，主体、客体之间不再兵刃相见，收获的不仅仅是自我内在积极性的发挥，更能使自身得到良好发展。

因此，无论自我批评、自我检讨、自我反省，还是知识和技能方面的提升，都不能完成自我的全面发展。要在其基础上，充分调动个人的积极性，充分发挥主体地位，使受教育者达到预期的效果，达到自我教育的真正意义上的全面发展。与此同时，辅导员也应该充分认识到自身在自我发展过程中的重要地位。"是金子总会发光"，自己是有待挖掘的"黄金块"。应充分将自己的潜能挖掘出来，发挥主体作用，将个人的优秀品质发扬光大，成长为优秀的人。

（二）终身性

人的一生始终伴随着自我发展，辅导员的发展也一样。自我发展的终身性指的是自我发展的长远性和永久性。辅导员的自我发展的需要来自两个方面：

---

❶ 中共中央编译局. 马克思恩格斯全集（第42卷）[M]. 北京：人民出版社，1979：131.

一方面，社会因不断进步和发展对人的知识、能力等各方面的素质都有了更高的要求，个体要通过学习、自我教育，不断地完善、充实自己，以保持与时代发展的节奏一致，适应社会的各种变化；另一方面，自身的发展需要是不能停止的。任何人拥有的知识和能力都是有限的，世界上不存在绝对完美的人；而个体的自我意识又会本能地驱使自我去追求完美，协调现实的我和理想的我之间的差距。由于现实的我与理想的我总是充满矛盾，所以个体通过终身的学习来达到理想中完美的人的境界，身心始终处于开放的状态去探索未知的知识和领域。"自觉地认识自我、否定自我、重新塑造自我的循环反复螺旋上升的过程，就是人类个体的成才过程，也是一种自我教育的过程。"❶

辅导员是一种特殊的职业，他所服务和教育的对象是人，是大学生群体。大学生群体是走在时代前沿的，对于时代的变化和感知最为敏感。因此，随着时代的不断变化，教育对象的不断变化，对于辅导员自身的能力、知识等各个方面的素质不断提出新的要求，辅导员必须通过不断的学习来紧随时代的脚步，摸清学生的思想轨迹，才能更好地开展大学生的思想政治教育工作，保证教育的效果和时效性。

（三）自主性

"唯物辩证法认为变化的条件是外因，变化的根据是内因，外因通过内因而起作用。"❷ 在自我发展过程中，起决定性作用的是人的自我发展意识。自我发展意识通常表现为自我观察、自我评价、自我调控等多种形式，内在心理机

---

❶ 缪锋. 什么是自我教育 [J]. 宁德师专学报（哲学社会科学版），1994(1).

❷ 毛泽东. 毛泽东选集（第一卷）[M]. 北京：人民出版社，1991：302.

制作用的发挥可表达自我教育的自主性。自觉地对自身的思想、言语、行为的认识和评判就是自我评价。为了找到自己和他人，以及存在的问题和社会需求，只有正确地认识评价自我发展情况，自我发展的愿望才能被激发出来。设计自我教育的目标，教育对象主动调整和控制自己的想法、言语、行为，也是一种自我调节。在辅导员自我发展的过程中，外部制约因素将大大降低，这就要求辅导员自律，规范自己的思想、行为，并强化自己的意志力。

同时，辅导员和多数人一样很容易受到外部教育因素的影响，但此时一定要进行自我教育，也就是经过个体自身内因的矛盾运动变化。预期目标要现实化、客观化，才有可能实现。即使没有实现目标，也要从自身出发找出各种影响结果的主观原因，从根本上解决存在的矛盾、差距，并最终解决问题。作为一种实际操作性很强的职业，辅导员要通过发展自己、评价自己、管理自己而不断调整发展方向，并最终通过日常的工作检验发展效果，自觉地应用，不断地积累与丰富自己的专业知识技能，以达到自我发展的目的。

（四）发展性

自我发展是一个发展的过程，自我发展的显著特征在于对人自身的调整，不断地变化。人是悖论性的存在。"悖论是事物（精神）的自我矛盾，自我矛盾就是自我否定，它表明事物（精神）总是处在自我分化（异化）和自我整合（扬弃）的过程中，并且构成一个螺旋式上升的'圆圈'。这就是事物（精神）的自我发展。"❶

人的自我发展是连续的分化和整合的过程。这不仅意味着成长、变化和生

---

❶ 何中华. 重读马克思 [M]. 北京：人民出版社，2009.

命，还意味着个人的发展。自我发展对个体人格发展的一个非常重要的作用。人格发展是在一定意义上的自我发展。自我是一个心理过程，表现为自主性和适应性。自我发展既是一个人的生理过程，也是一个权力制衡和适应的过程，是通过自我与环境之间的相互作用而不断发展。自我发展涵盖了生存和生命的发展。辅导员的自我发展指的是生命意义的发展，通过自主发展给辅导员的职业生命、价值和意义。辅导员自我发展的基础是人的生活经验和生存体验，是对生命的创造性的思考和实践，使人的潜能得到充分的发挥。

第三章　高校辅导员自我 发展的理论依据

一、马克思主义哲学关于人的自由全面发展和人 的本质的理论

（一）人的自由全面发展理论

人的自由全面发展是马克思主义的最高目标和根本价值取向。人的自由全面发展理论不仅是马克思主义理论的重要组成部分，也是高校辅导员工作的重要的理论基础。

马克思、恩格斯在《德意志意识形态》《共产党宣言》等诸多著作中，对人的自由全面发展做了丰富论述。他们提出，人类发展的目标是"通过人并且为了人而对人的本质的真正占有"❶ "人以一种全面的方式，也就是说，作为一

---

❶　中共中央编译局.马克思恩格斯全集（第3卷）[M].北京：人民出版社，2002：297.

个完整的人,占有自己的全面的本质"❶。而社会发展的未来目标则是一种"以每个人的全面而自由的发展为基本原则的社会形式"❷"代替那存在着阶级和阶级对立的资产阶级旧社会的,将是这样一个联合体。在那里,每个人的自由发展是一切人的自由发展的条件"❸。马克思、恩格斯关于人的自由全面发展理论,至少可以从三方面来理解。

1. 人的全面发展是包括体力和脑力的个体劳动能力的全面发展

劳动是人的本质力量的表现,劳动不仅改造着自然,而且"使生产者也改变着,炼出新的品质,通过生产而发展和改造着自身,造就新的力量和新的观念,造就新的交往形式,新的需要和新的语言"❹。然而,"由于劳动被分成几部分,人自己也被分成几部分。为了训练某种单一的劳动,其他一切肉体和精神的能力都成了牺牲品,人的这种畸形发展和分工齐头并进"❺。马克思还指出:"生产劳动同智育和体育相结合,它不仅是提高社会生产的一种方法,而且是造就全面发展的人的唯一方法。"❻

2. 人的全面发展是人的社会关系的全面发展

"个人的全面性不是想象的或是设想的全面性,而是他的现实关系和观念关系的全面性。"❼人的社会关系不仅表现在物质利益关系,而且还表现在政治、

---

❶ 中共中央编译局.马克思恩格斯全集(第3卷)[M].北京:人民出版社,2002:302.

❷ 中共中央编译局.马克思恩格斯选集(第2卷)[M].北京:人民出版社,1995:239.

❸ 中共中央编译局.马克思恩格斯选集(第1卷)[M].北京:人民出版社,1995:294.

❹ 中共中央编译局.马克思恩格斯全集(第46卷)(上)[M].北京:人民出版社,1979:494.

❺ 中共中央编译局.马克思恩格斯全集(第20卷)[M].北京:人民出版社,1971:316.

❻ 中共中央编译局.马克思恩格斯全集(第23卷)[M].北京:人民出版社,1972:530.

❼ 中共中央编译局.马克思恩格斯全集(第46卷)(下)[M].北京:人民出版社,1980:36.

法律、道德等各种思想文化方面的关系。

3. 人的全面发展是人的需要和才能的全面发展

《德意志意识形态》中将人的需要划分为生存需要、享受需要和发展需要三个层次。高层次的多方面发展需要使人的"一切天赋得到充分的发挥"❶。人的需要、本能、情感、兴趣等构成多维度的个性，因此，人的需要和才能的发展也体现为人的自由个性的发展。社会生产和社会关系的发展，归根结底是为了全面地拓展、张扬、提升人的一切能力，如人的体力、智力、自然力、道德力、现实能力和内在潜力等。因此，能力的发展在人的全面发展中占有重要的地位。它是人的全面发展的核心。

马克思主义关于人的自由全面发展的理论为高校辅导员队伍建设指明了目标和方向，也为高校辅导员自我发展指明了路径、提出了要求。人的自由全面发展理论为高校辅导员自我发展指明了目标和方向。马克思关于人的自由全面发展的多种阐述，包含了德、智、体、美诸方面的全面而协调的发展，这构成了人的自由全面发展的目标。马克思强调全体社会成员的智力和体力都要在生产过程中进行全面的、自由的、协调的发展，使人们成为"各方面都有能力的人，能通晓整个生产关系的人"❷。马克思还指出，人应当是一个"完整人"，全面发展的人。按照这种"完整人"的理论，辅导员的发展要经历几个不同的发展阶段。而且，在每一个发展阶段上，不能畸形发展，而应该完整、均衡和全面的发展。在人的自由和全面发展理论的指导下，高校辅导员要全面提高自身的综合素质，在诸多方面都要获得自由而全面的发展。

---

❶　中共中央编译局.马克思恩格斯全集（第3卷）[M].北京：人民出版社，1960：286.

❷　中共中央编译局.马克思恩格斯全集（第4卷）[M].北京：人民出版社，1958：370.

人的自由而全面发展理论要求高校辅导员克服"人对物的依赖"而造成的片面发展。在市场经济的社会条件下，在经济效益的驱使下，有的人片面追求物质利益，造成重物质、轻精神的物本位价值取向；有的人不注重精神生活的质量，导致政治信仰迷茫、理想信念模糊；有的人则把提高物质生活水平作为人生的终极目标，导致享乐主义、拜金主义和极端个人主义的倾向。这些价值取向所造成的后果是，不可能实现人的全面发展。此外，我们已经步入信息时代，科学技术丰富了社会关系，促进了个性能力的发展，但也出现了重科技、轻人文的价值取向。正是在这种价值取向下，有的人重视科学技术教育而忽视人文教育，注重学科专业知识而忽视科学精神和人文精神的塑造等。这种价值取向所造成的后果是导致人的片面发展。上述这两种价值取向，都是"人对物的依赖"现象，这种价值取向或多或少地存在于辅导员中，并且影响辅导员的自我发展。马克思主义关于人的全面发展理论要求高校辅导员要自觉、主动地克服由于对"物"的依赖而造成的片面发展倾向，从而实现全面发展。

（二）人的本质理论

高校辅导员是教学生如何做人的工作，其工作主体是人，其工作对象是人，其工作的最终目的是促进人的全面发展。因此，高校辅导员是开展思想政治教育的主体，大学生是思想政治教育的客体，是高校辅导员工作的对象，目标是为社会主义建设培养建设者和接班人。所以，研究马克思主义关于人的本质理论就成为高校辅导员自我发展问题的理论依据。

马克思主义认为，人的本质就是人自由自觉的活动——劳动。马克思、恩格斯指出："可以根据意识、宗教或随便别的什么来区别人和动物。当人开始生产自己的生产资料的时候，这一步是由他们的肉体组织所决定的，人本身就开始把自己和动物区别开来。" ❶ 马克思、恩格斯关于人的本质的另一个命题："人的本质不是单个人所固有的抽象物，在其现实性上，它是一切社会关系的总和。" ❷ 在肯定人的本质是社会关系的总和，人的社会性是人的本质属性的同时，马克思主义也并不否认人的自然属性。他认为人是自然属性和社会属性的综合体，人的自然属性和社会属性通过实践活动实现统一。马克思主义还从需要的角度论述人的本质，认为人的需要和人的本质有内在联系，"他们的需要，即他们的本性"。❸ 在马克思主义看来，人的劳动创造活动是满足人的需要的最基本的活动，它是人类历史的基础和前提，而它自身又以人的需要作为内在原因和根据。离开人的需要，人的劳动创造活动就失去了存在的意义和价值，因而也就不会有人类社会的存在和人类历史的发展。从这个意义上讲，"没有需要，也就没有生产"。❹ 可见，需要是人类改造世界物质活动的原动力和驱动力，也是人的活动选择性、具体性的内在根据。在它的作用下，人们通过自由自觉地创造性活动，展示人的本质，把人的本质外在化。同时，人在满足需要的劳动中产生各种社会关系，形成人类社会。

马克思主义关于人的本质理论佐证了高校辅导员工作的重要性，不仅为高校辅导员认识自身和工作对象提供了重要的理论依据，还为高校辅导员自我发展提供了理论支撑。

---

❶ 中共中央编译局．马克思恩格斯全集（第 1 卷）[M]．北京，人民出版社，1995：26.

❷ 同❶，18。

❸ 中共中央编译局．马克思恩格斯全集（第 3 卷）[M]．北京，人民出版社，1960：514.

❹ 中共中央编译局．马克思恩格斯选集（第 2 卷）[M]．北京，人民出版社，1995：9.

在人与自然的关系中，人是具有自然属性的。这是因为，一方面，人来于自然，人体、人脑都是物质世界发展的产物；另一方面，人又能动地利用自然、改造自然。人既然有自然属性，那么就有物质需要。高校辅导员同样也具有自然属性，有物质需要。因此，在研究高校辅导员自身发展时，必须充分尊重高校辅导员的自然属性和物质需要，同时还要考虑他们的精神需求和物质需求，并满足对他们的精神鼓励和物质鼓励。只有不断地完善辅导员的管理机制、评价机制和激励机制，才能不断激发辅导员工作的积极性、主动性和创造性，激发他们自我成长和自我教育，促进辅导员的自我完善与自我发展。

二、马克思主义哲学关于内因、外因关系的理论

内因与外因是表明事物运动发展动力关系的哲学范畴。内因是事物变化发展的内在原因、内部矛盾；外因是事物变化发展的外部原因、外部矛盾。毛泽东在《矛盾论》中，对形而上学的宇宙观进行批判的同时，提出了唯物辩证法的宇宙观，并对内因、外因关系进行了系统的论述。"唯物辩证法的宇宙观主张从事物的内部、从一事物对他事物的关系去研究事物的发展，即把事物的发展看作事物内部的必然的自己的运动，而每一事物的运动都和它的周围其他事物互相联系着和互相影响着。事物发展的根本原因，不是在事物的外部而是在事物的内部，在于事物内部的矛盾性。任何事物内部都有这种矛盾性，因而引起了事物的运动和发展。事物内部的这种矛盾性是事物发展的根本原因，一事物和他事物的互相联系和互相影响是事物发展的第二位原因。"❶ "单纯的外部原因

---

❶　毛泽东.毛泽东选集（第一卷）[M].北京：人民出版社，1991：301.

只能引起事物的机械的运动，即范围的大小、数量的增减，不能说明事物何以有性质上的千差万别及其互相变化。事实上，即使是外力推动的机械运动，也要通过事物内部的矛盾性。"❶"外因是变化的条件，内因是变化的根据，外因通过内因而起作用。"❷

从以上论述中，可以总结出以下六点。

一是事物的发展是必然的，是其内部关系使然。因此，研究一个事物的发展应以该事物为主体，从该事物的内部去研究，同时还要研究它与周围其他事务的关系。

二是事物的发展既离不开本身的内部因素，也离不开外部因素，是内部和外部双重因素共同作用的结果。

三是要重视内因的作用。事物发展的根本原因在其内部，在其内部的矛盾性，在事物的内因。内因是事物发展变化的根据，是第一位的原因，决定着事物的性质和发展方向。

四是千万不能忽视外因的作用。任何事物的发展，仅有内因也是不够的，内因要想发生作用，还需要外因的大力支持。外因是事物变化发展的条件，对事物变化发展能够起到加速或延缓的作用。在某些情况下，外因甚至会起到非常关键的作用。

五是外因要通过内因起作用。外因的作用再大，也是第二位的原因，它无法独立于内因而发生作用。单纯的外部原因只能引起事物的机械运动，即范围的大小和数量的增减。

六是内因和外因的区分是相对的。在一定条件下，内因、外因之间可以相

---

❶　毛泽东 . 毛泽东选集（第一卷）[M]. 北京：人民出版社，1991：302.

❷　同❶。

互转化。这要求我们在工作过程中，要高度重视事物的内因，但是也不能忽略事物的外因，对各种外部因素要具体分析，根据情况协调好二者的关系，让内因、外因相结合，共同促进事物的发展。

唯物辩证法有关内因、外因辩证关系的原理不仅可以用来解释事物的发展规律，而且也可以解释高校辅导员自我发展问题。在辅导员自我发展中，也可以看出内、外因之间的辩证关系。当前，辅导员自我发展的措施很多，但大体可以分为两个途径：一是教育行政部门和学校通过外部驱动的方式对高校辅导员进行有组织、有计划的培训，从而促进辅导员的发展。本书称其为外部驱动式发展，在这里可以视为辅导员发展的外因。二是辅导员根据自己的需要，制定专业发展计划，参加专业发展活动，从而提高自身专业素质的自主发展，本书称其为辅导员的自我发展，在这里可以视为辅导员发展的内因。本书不忽视辅导员发展的外因，但是更立足于内因的研究，即辅导员的自我发展。

三、管理学关于职业生涯规划的理论

职业生涯管理理论最早起源于美国，被推崇于日本、德国等国家。20 世纪 60 年代以来，职业生涯管理理论和实践获得蓬勃发展。20 世纪 90 年代中期，这一理论由欧美国家传入中国，并为职业人士广为接受。

（一）职业选择理论

职业选择理论是指通过了解人自身的个性特质与不同职业的需求和类型特

征，依照自己的职业期望和兴趣选择人的职业。❶ 该理论又分为以下两种。

1. 入职匹配理论

入职匹配理论由帕森斯（Parsons）创立。帕森斯在其所著的《选择职业》一书中认为，一个人的职业选择受到很多因素的影响，主要的因素可以分为以下三类。第一种因素，从个人角度来看，包括个人喜好、价值观、能力、资源、制约条件等。第二种因素，从工作角度来看，包括不同行业的工作性质、工作要求、优缺点、薪酬水平、发展前景和机会。第三个因素，就是前两个因素的协调匹配程度。入职匹配是职业指导中永远不变的核心理念，广泛应用于人们的职业选择。

2. 职业性向理论

职业性向理论是在入职匹配理论以后出现的理论，是美国霍普金斯大学心理学教授霍兰德（John.Holland）于 1971 年提出的。他认为，职业能力是决定一个人选择的一个重要因素。在职业生涯中，职业能力倾向指的是人们的价值观、动机和需求等。荷兰教授通过六个基本职业能力倾向发现相应的六种职业类别，即研究型、艺术型、社会型、专业型、表现型和常规型。他认为，某些类型的职业能力的员工应该是将同一类型作为自己职业生涯的组合，即实现个人和专业的匹配，就是人职匹配理论。职业性向理论在人职匹配理论以后出现的理论，美国霍普金斯大学心理学教授霍兰德 (John.Holland) 于 1971 年提出的，他认为职业能力是决定一个人职业选择的重要因素。在职业生涯中，职业能力倾向指的是人们的价值观、动机和需求等。霍兰德教授通过六个基本职业能力倾向发现和相应的 6 种职业类别，即"研究型、艺术型、社会型、专业型、表

---

❶ 宋君卿，王鉴忠 . 职业生涯管理理论历史演进和发展趋势 [J]. 生产力研究，2008(23)：129–131.

现型、常规型"。他认为，员工基本职业能力应该与相应的职业类型相匹配，即实现个人和专业的匹配。

（二）职业生涯发展理论

职业生涯可以基于适当的标准划分为多个阶段，每个阶段都有其不同的特性和相应的专业能力要求。为了更好地研究人们的事业发展，学者们在对人的生命周期研究的基础上，将人们的职业生涯分为不同的阶段。比较有影响力的职业生涯发展理论主要有金斯柏格（EIiGinzberg，1951）的"三阶段理论"、萨伯（Donald E.Super，1953）和格林豪斯（Greenhaus，1987）的"五阶段理论"，施恩（Edgard.H.Sehein，1978）的"九阶段理论"。这些理论对于阶段的划分虽然有差异，但其本质都体现了职业生涯发展的规律性。

（三）职业探索决策理论

职业锚理论是职业生涯探索决策理论中最具代表性的。美国麻省理工学院施恩（Schein）教授在其《职业的有效管理》一书中首次提出了职业锚的概念。职业锚反映人的职业潜在动机、个人的价值观，更重要的是反映了个人的职业能力。职业锚是指当一个人不得不做出选择的时候，他无论如何都不会放弃的职业中的那种至关重要的东西或价值观。正如职业锚中的"锚"的含义一样，职业锚实际上就是人们选择和发展自己的职业时应该锁定的目标。❶ 职业锚是在实际工作中决定的，而不只受个人的能力和动机影响。

---

❶　E. H. 施恩 . 职业的有效管理 [M]. 仇海清，译 . 上海：上海三联书店，1992：38.

职业锚其实就是人们在职业探索中最关注的部分。职业锚强调个人能力、动机和价值观三方面的相互作用与整合。职业锚是个人同职业不断磨合、不断调整，并进行相互作用的产物。施恩教授将职业锚概括为五种类型：自主型职业锚、创业型职业锚、管理能力型职业锚、技术职能型职业锚和安全型职业锚。职业锚准确地反映个人职业需要及其所追求的职业工作的特点。通过确定个人的职业锚，可以准确获得个人的职业信息，有针对性地为个人职业发展提供畅通的、有效的、可行的职业发展规划。

（四）职业发展主动建构理论

1996 年，美国斯坦福大学教育和心理学教授约翰·克朗伯兹（John Krumboltz）从自我效能的角度提出了职业生涯规划的主动建构理论。他认为，职业生涯发展是一个自我认知并作出职业选择的过程。一个人的个人经历、性格特点、价值取向等因素都会影响职业生涯选择。该理论强调个人的自我意识与选择是职业生涯发展的重要环节。因此，职业生涯的发展是一个自我主动建构的过程，而不是被动的过程。我们应该主动学习有关职业生涯规划知识并加以实践，主动地选择自己的职业生涯发展道路。

20 世纪 90 年代，我国高校就开始引入职业生涯的理念，但是主要应用于对学生的就业指导上。近年来，高校辅导员的发展问题得到了越来越多的理论研究者们的关注。人们开始将职业生涯管理理论运用到辅导员队伍建设中。目前，高校辅导员队伍建设的重要性不言而喻，辅导员发展的外部机制日益健全，辅导员自我发展迫在眉睫。职业生涯规划理论具有普遍指导意义,在理论和实践层面都应该被借鉴。这是因为:一方面，学生工作管理部门可以通过为辅导员职业生涯进行规划及设计，为稳定、发展壮大辅导员队伍提供可靠的依据；另一方面，辅导员本身也可以结合自身所处的职业发展阶段、自我认知、职业选择及入职匹配，主动、自觉地发展和完善个人能力与素质，规划和管理自己的职业生涯，谋求辅导员的自我发展。

四、心理学关于马斯洛需求层次理论

1943 年，在《人类激励理论》一书中，美国心理学家亚伯拉罕·马斯洛（Abraham Maslow）提出马斯洛的需求层次理论，它成为行为科学的理论之一。这一理论将人类需求从低到高分为五种，分别是：生理需求、安全需求、社交需求、尊重需求和自我实现需求。在自我实现需求之后，还有自我超越需求，但通常不作为马斯洛需求层次理论中必要的层次，大多数会将自我超越合并至自我实现需求当中。

第一层次，生理上的需要。如果这些需要（除性以外）的任何一项得不到满足，那么人类个人的生理机能就无法正常运转。在这个意义上说，生理需要是推动人们行动最首要的动力。

第二层次，安全上的需要。马斯洛认为，整个有机体是一个追求安全的机制，人的感受器官、效应器官、智能和其他能量主要是寻求安全的工具，甚至可以把科学和人生观都看成满足安全需要的一部分。

第三层次，情感和归属的需要。人人都希望得到相互的关系和照顾。感情上的需要比生理上的需要更细致，它和一个人的生理特性、经历、教育、宗教信仰都有关系。

第四层次，尊重的需要。人人都希望自己有稳定的社会地位，要求个人的能力和成就得到社会的承认。

第五层次，自我实现的需要。自我实现的需要是最高层次的需要，是指实现个人理想、抱负及发挥个人的能力、自我实现的人，接受自己也接受他人，解决问题能力增强，自觉性提高，善于独立处事，完成与自己的能力相称的一切事情的需要。马斯洛提出，为满足自我实现需要所采取的途径是因人而异的。自我实现的需要是在努力实现自己的潜力，使自己越来越成为自己所期望的人物。

1954 年，马斯洛在《激励与个性》一书中探讨了他的另外两种需要理论，即求知需要和审美需要。这两种需要并没有被列入他的需求层次排列中，他认为这二者应居于尊敬需要与自我实现需要之间。❶

马斯洛认为，人的五种需要可以分为高级和低级。其中，生理上的需要、安全上的需要和感情需要都属于低级的需要，可以通过外部条件获得满足；而尊重需要和自我实现需要则是高级需要，通过内部因素才能获得满足，并且一个人对尊重和自我实现的需要是无止境的。人的需要是从低级到高级递进出现的，当某一层次的需要得到满足时，激励因素的作用也会随之减弱或消失。此时，高一层次的需要则成为新的激发动机。同一时期，一个人可能有几种不同的需要，但总有一种需要占支配地位、起决定作用。任何一种层次的需要都会存在，不会因为更高层次需要的发展而失去作用。各层次的需要会同时存在、相互依存，只是不同时期对行为影响的程度不同。高校辅导员自我发展的需要已经进入较高一级的需要，是尊重的需要和自我实现的需要，要通过辅导员自身的努力才能得以实现和满足。

---

❶ 刘烨. 马斯洛的人本哲学 [M]. 呼和浩特：内蒙古文化出版社，2008.

第四章　高校辅导员自我发展的现实境遇与经验借鉴

一、高校辅导员自我发展的现实境遇

新时期，高校党建和思想政治教育队伍的建设工作得到了党和国家的高度重视。作为当前高校思想政治教育的最重要力量，辅导员肩负着培养大学生成长、成才的重要职责，是日常思想政治教育活动的最直接组织者。也正因为如此，全国各省、市政府和高校都将辅导员队伍建设作为工作的重点来执行。特别是国务院出台《进一步加强和改进大学生思想政治教育的意见》以来，各级政府更加重视辅导员队伍的建设工作，教育部颁布的《普通高等学校辅导员队伍建设规定》为全国高校的辅导员队伍建设提供了政策性指引，高校辅导员队伍建设工作出现了新的局面。随着国家政策的有力保障，辅导员工作的相关理论研究的不断深入，高校教师队伍建设的持续发展，以及发达国家开展学生工作的有益经验，都为高校辅导员队伍的专业化建设和职业化发展提供了坚实的支撑。

（一）制度铺路

自国务院颁布《关于进一步加强和改进大学生思想政治教育的意见》以来，各级政府和高校都十分重视高校辅导员队伍的职业化建设和专业化发展。教育部发布的《普通高等学校辅导员队伍建设规定》，为辅导员队伍建设提供了具体思路。特别是党的十八大以来，以习近平同志为总书记的党中央高度重视辅导员队伍建设和自身发展，辅导员在高校思想政治教育方面的重要作用得到了肯定。国家政策性文件的颁布，在制度层面为辅导员的职业发展搭建好了框架。为了将高校辅导员队伍工作落到实处、推向深入，教育管理部门发布了相关配套文件，指导省、市各级政府和高校扎实有效的开展辅导员队伍建设工作。政策的颁布为高校辅导员制度的完善提供了基础，保障了政府和高校能够更加规范而深入地开展工作，促进高校辅导员队伍建得以持续而健康的发展。

文件中明确提出，要把加强和改进大学生思想政治教育作为一项重大而紧迫的战略任务，要采取有力措施，着力建设一支高水平的辅导员队伍。通过解读文件发现，在此意见中，第一次将政治辅导员、思想辅导员等含糊的称谓明确规定为辅导员，同时清楚表述了辅导员要肩负对大学生进行思想政治教育、提供学习生活指导和心理健康教育三大重要职能。为了深入贯彻国务院文件的精神，切实有效地指导辅导员建设工作的开展，教育部于 2005 年颁发了《关于加强高等学校辅导员班主任队伍建设的意见》。这份文件细化了国家的政策，对辅导员的定义作出了最全面而详细的解释。该文件指出："高等学校要根据实际工作需要，科学合理地配备足够数量的辅导员和班主任。专职辅导员总体上按 1：200 的比例配备，保证每个院（系）的每个年级都有一定数量的专职辅导员。"同时，该文件还进一步明确了辅导员的选聘工作和培养计划，为辅导员队伍的发展提供了政策保障。此项规定的颁布与实施，结束了在部分高校中辅导员的工作可有可无，可以兼职代替的尴尬局面。随着专职辅导员这一称谓的提出和规范化辅导员选聘制度的落实，辅导员队伍建设工作开始向着职业化发展的健康方向不断迈进。2006 年 4 月，全国第一次辅导员队伍建设工作会议在上海隆重召开。这次会议并明确了辅导员工作的具体职责，以及辅导员的选聘标准、享受待遇、发展前景等诸多实际问题。2006 年 5 月，教育部部长办公会议讨论并通过了《普通高等学校辅导员队伍建设规定》(以下简称《规定》) 并于同年 9 月正式施行。其中明确指出，要把"辅导员队伍建设放在与学校教学、科研队伍建设同等重要位置"。作为新时期高校辅导员队伍建设的纲领性文件，《普通高等学校辅导员队伍建设规定》将辅导员的选聘标准、配备比例、培养计划、考核条件等涉及辅导员队伍建设的各个方面的要求进行了明确部署，为辅导员队伍的专业化建设和职业化发展指明了方向。2006 年 7 月，教育部办公厅向全国各省、市、自治区教育主管部门和普通高校下发了《2006—2010 年普通高等学校辅导员培训计划》，并要求各地根据实际情况及时制订具体实施方案。该项培训计划明确了辅导员队伍培训的指导思想和培训原则，并对辅导员队伍培训的整体目标、主要任务进行了细分化的精确要求。2014 年 3 月，教育部为进一步推动辅导员队伍职业化和专业化建设，深入贯彻落实《国家中长期教育改革和发展规划纲要（2010—2020 年）》，印发了《高等学校辅导员职业能力标准（暂行）》。它从辅导员的职业概况、基本要求、职业能力标准三个维度，对辅导员的队伍建设和具体职业能力要求进行了细分，将辅导员的职级分成了初级、中级和高级，勾画了辅导员职业发展的未来走向，鼓励辅导员向职业化和专业化的发展，努力成为高校学生工作领域的学术专家和业务能手。

　　表 4-1 梳理了 2004 年以来国家及教育主管部门颁布的政策性文件。从中可

以看出，党和国家高度重视辅导员队伍建设，从制度层面为辅导员的职业发展提供了有力保障，明确了辅导员队伍建设的领导和管理体制，明确了辅导员队伍的职业定位和工作要求，规范了辅导员的选聘标准和培养机制。这一系列政策文件的颁布，为高校辅导员的职业化发展指明了方向，进一步明确了辅导员的专业化发展目标。国家对于辅导员队伍建设的重视，也在一定程度上激发了广大学者对于辅导员队伍建设及发展的研究热情。近年来，许多专业学者以辅

表 4–1　2004 年之后辅导员管理机制相关制度文件

时间	文件／会议名称	相关内容
2004 年	《关于进一步加强和改进大学生思想政治教育的意见》	辅导员班主任是大学生思想政治教育的骨干力量，辅导员应按照党委的部署有针对性地开展思想政治教育工作。实施大学生思想政治教育队伍人才培养工程，建立思想政治教育人才培养基地，选拔、推荐一批从事思想政治教育的骨干进一步深造，攻读思想政治教育相关专业的硕士、博士学位，学成后专职从事思想政治教育工作
2005 年	《关于加强和改进高等学校辅导员班主任队伍建设意见》	统筹规划专职辅导员的发展。鼓励和支持一批骨干攻读相关学位和业务进修，长期从事辅导员工作，向职业化、专家化方向发展
2006 年	全国高校辅导员队伍建设工作会议	进一步贯彻落实中共中央关于进一步加强和改进大学生思想政治工作的指示精神，促使高校辅导员队伍朝着职业化、专业化的目标建设和发展
2006 年	《普通高等学校辅导员队伍建设规定》	进一步对辅导员的地位与作用、工作角色、工作职责、工作要求，以及针对辅导员发展的配备与选拔、培养与发展作了明确的规定
2014 年	《高等学校辅导员职业能力标准（暂行）》	从辅导员的知识技能、解决问题的难度和熟练程度、在专业领域的影响力和应负责任等不同的角度，将辅导员职业等级由低到高依次递进划分为初级、中级、高级三个级次，并鼓励高校辅导员在自己从事工作的某一领域具备较为深厚的理论知识和丰富的工作经验，成为高校学生工作某一领域的专家

导员的专业化、职业化发展问题为研究对象，进行了深入而细致的研究并取得了一些成果，建构起了相对健全的具有学科特点的辅导员队伍建设知识体系。这些优秀成果的应用加强了对国家大政方针的实际指导效果，为充实辅导员队伍建设的内容和拓展工作思路提供了有益借鉴。同时，通过运用理论指导实践，实践加深理论研究的相互促进发展，提高了高校思想政治教育和学生管理工作的实际成效。

（二）措施推进

随着制度的确立，教育部陆续制订和发布了详细的实施方案和相关政策措施，有效地开展来帮助和推动辅导员队伍建设工作。具体的措施包括鼓励在职辅导员攻读思想政治教育二级学科下的专业学位，在北京、上海等地的综合性大学建设优秀辅导员攻读博士学位的试点，定期选送优秀辅导员参与国际交流等，即通过多种可行性强的政策，帮助辅导员建立职业发展意识，鼓励辅导员向专家化的方向深造和发展等。同时，在具体课程的设置上，侧重于传授应用性强的理论知识，创新教育教学模式，构建辅导员工作的理论体系，旨在帮助思想政治教育等辅导员工作的对口学科培养出的硕士、博士能够成为辅导员工作领域的专家。

推动全国各地区辅导员的相互交流与共同进步，是辅导员队伍建设的一个重要思路。在党和国家相关措施的指导下，全国各省、市通过举办辅导员年度人物评选、辅导员职业能力大赛、辅导员工作论坛等多种形式，发掘典型的辅导员，打造辅导员队伍的标杆，推动辅导员队伍的交流学习，鼓励辅导员进行学术研究，发表理论研究成果，并通过以上措施增强辅导员的职业认同感，为辅导员的职业化、专业化的发展提供充分的条件。

在此基础上，为了提升高校辅导员的业务能力和学术水平，国家投入了大量的人力、财力、物力，设置辅导员业务研究专项科研项目和思想政治教育专项课题，为辅导员提供了相当数量的科研立项机会和课题经费，鼓励辅导员将自身的工作实践转化为先进的理论成果，并运用思想政治教育的最新理论成果指导教育教学实践；启动全国范围的辅导员精品项目选拔培育工作，引导辅导员以思想政治教育学科为理论支撑，积极向专业化方向发展。通过选拔优秀的工作项目，如特色班会、形势政策课程、大学生职业生涯规划指导等，帮助辅导员找到工作中的闪光点，将特色工作树立成品牌项目，提升辅导员对自身发展的认同。自 2007 年起，在全国范围内开展"高校辅导员年度人物评选"及"优秀思想政治理论课教师评选"，极大地鼓舞了高校学生工作者的工作热情。此外，2013 年正式启动的《思想政治教育研究文库》工程，每一年培育一批次，将全国范围内最优秀的学生工作著作遴选入文库。其目的在于研究总结大学生思想政治教育理论成果和实践经验，推动成果的转化和应用，提升大学生思想政治教育工作质量，不断深化工作的学科和理论支撑。

一系列措施的扎实推进，为辅导员队伍职业化和专业化发展规划了清晰的路径。在党和国家的高度重视下，在经济飞速发展的时代背景下，辅导员拥有宝贵的机遇但也面临着巨大的挑战。在实现职业理想的舞台上，辅导员只有夯实学术基础，掌握工作技能，才能真正实现自身的职业价值。

（三）高校举措

在国家政策的指引下，在教育主管部门的监督下，全国各地高校都对辅导员队伍建设这一问题提到了崭新的高度。在深入贯彻国家政策、认真领会教育部文件精神的基础上，全国各地普通高校根据自身办学实际和地区特点，积极探索符合自身发展规律的辅导员队伍建设实施细则，着力将辅导员队伍建设打造成切实可行的系统性工程。各高校根据自身实际制定了一系列具体的规章制度，在国家政策的指导下，从制度层面为辅导员队伍的建设提供支撑，将辅导员的选聘、管理、培养等各个环节进行了更加清晰而具体的规定；同时，将辅导员队伍的建设问题作为高校党建的重要任务和行政管理的重要工作，保障辅导员队伍健康发展。

1. 辅导员队伍不断壮大

按照国家文件精神，全国各地高校遵循"政治强、业务精、纪律严、作风正"的选拔标准，积极从青年骨干教师、优秀毕业生群体等精英中选拔吸纳有工作热情和职业素养的合格人才承担辅导员工作。按照国家要求师生比1∶200的科学比例，全国各地每年都将选聘一定数量的辅导员以满足辅导员队伍存在不同程度的用人缺口。合理的全国高校专职辅导员的数量将维持在十万人左右，同时还需要有大约五万名兼职辅导员作为高校思想政治教育工作的补充力量，届时，辅导员将成为社会主义建设事业中一个重要的职业群体。

2. 管理机制更加科学

通过坚持积极探索和不断创新，全国各地的普通高校摸索出了一定数量的实行度高、操作效果好的辅导员队伍建设的新方法和新举措，从制度层面提升了对于辅导员的有效管理，推动了辅导员队伍整体素质的提升和辅导员个人综合能力的进步，在一定程度上建成了辅导员队伍建设和管理的长效机制。在具体的实施环节中，在辅导员的选聘数量上，选聘数量严格按照国家文件要求，以师生比1:200的标准确定选聘人数，拟定用人计划；在选聘标准的制定上，各省、市、地区根据国家政策要求，结合高校根据自身工作实际，普遍拟定了高于国家一般标准的选聘条件，大多数高校要求招录的辅导员需要具有硕士研究生学历；在选聘的流程上，参照国家公务员招录考试流程，结合自身实际和所在省、市的事业单位用人招录考试基本规章，严格以"报名—资格审查—笔试—面试—心理测试—身体检查—公示—录用"的科学流程进行选聘，绝不略过任一环节；除了对辅导员的选聘坚持优中选优以外，对辅导员的培养方式更加合理，制度逐步完善。根据国家政策及教育部文件的指导精神，全国各高校认真制定了辅导员培养细则，建立健全辅导员培养体系，保障辅导员队伍的健康发展；同时，对在职辅导员的工作实效考评和日常管理也日趋严格。在绩效考核中，以年度考核为主，辅以单项业务考核，用考核的成绩优劣来体现辅导员的工作效果的好坏，并将考核的成果纳入辅导员职级评审条件。在此基础上，部分高校在辅导员的职业化发展及职级评定上开展了有益的尝试，帮助辅导员增强职业信息，拓宽工作空间。例如，有的高校考虑到辅导员具有高校教师和行政人员的双重身份，在职级评定上具有一定的特殊性，因此组织成立了辅导员专业技术职务评定聘任委员会以保障辅导员职级评定更加公平、合理。近几年，高校辅导员建设长效机制的确立取得了一定的成果，对于推动辅导员队伍专业化建设和职业化发展起到了积极的作用。

　　随着高等教育改革的不断深入，高校的人事制度也在顺应时代要求的背景下进行一定程度的改革。在国家倡导全员育人的背景下，全国各地相当一部分高校对于专业教师、科研人员的工作职业、考核标准、相关待遇都进行了清晰而明确的规定，但是对于辅导员队伍的相关标准建立得还不够完善，在一定程度上显示出不够重视的错误倾向。通过横向对比可以发现，针对辅导员队伍的规定相对比较模糊，在原则上的规定较多，在具体工作和实际操作中缺少细分化规定，这在一定程度上暗示了专业教师及科研人员在教学、科研工作中享受相对优先的地位。为了切实改变这一现状，将高校现有岗位的职责及要求进一步明确，使高校各门类工作人员的管理层次更加清晰，部分高校开始着手研究党务工作序列、行政管理序列、教学辅助序列、工勤服务序列的人事制度改革。高校辅导员具有高校教师和行政管理人员的双重身份，履行着教育育人和管理服务的多重职能，其工作既有特殊性，又有综合性。因此，在推动辅导员队伍职业化和专业化建设的道路上，可以尝试将辅导员作为高校工作的一个单独序列来进行设计。

二、高校辅导员自我发展的经验借鉴

（一）借鉴国外学生事务管理先进经验

1. 独立的部门与专业地位

美国的高校学生事务管理与中国的高校学生工作相比，有其独特的特点和值得借鉴的经验。美国高校学生管理工作起步早，专业化程度相对较高，并享受一定的职业地位。作为美国高等教育事业中的组成部分之一，美国学生事务管理具有一定的独立性。现今，美国的高校学生事务管理工作已经成为一种明确的职业方向，高校开设专门课程培养专业化人才从事该项职业。究其原因，美国的学生事务属于高校管理工作中一个相对独立的业务板块，从事学生事务管理工作享受相对较高的职业地位。此外，学生事务管理属于研究领域清晰的一个独立学科，在美国的高等教育中有其明确的学科设置。很多美国的公立高校和私立高校均设置学生管理、学生服务等相关专业，开设有学生人事管理或学生事务等相关专业方向，而参与高校学生事务管理的工作人员则普遍要求拥有硕士以上学历。美国高校学生事务管理处于独立地位的另外一个重要标志是，高校的学生事务管理工作者是以全国性或地方性的学生人事管理协会为依托，来完成对学生事务的管理工作。同时，协会还制定了严格的行业标准，创办了具有自身特点的协会会刊。从 20 世纪 60 年代美国高校学生事务管理工作者开始尝试通过全国型协会制定行业标准以来，经过半个多世纪的发展，学生事务管理行业标准的制定和推动，为完善美国高校校园学生管理及服务作出了突出的贡献。

2. 专业化、职业化的学生事务工作者

借鉴美国的高等教育事业中学生事务管理的先进经验，可以启发我国辅导员队伍专业化建设和职业化发展思路。美国高校学生事务管理人员的选聘，以及在职管理人员的职级提升，必须遵循严格的行业标准及固定程序并要达到相关要求。申请学生事务管理职位的应聘者需要在心理咨询、学生发展等专业方向上取得硕士学位。已经通过选聘程序的工作人员要按照行业规定，按时参加专业的入职培训，在参加工作的过程中，也会遵照行业标准参加周期性的培训；中层管理职务的申请则要求应聘者取得学生事务管理下属学科领域的博士学位；已经参加工作且取得中层管理职位的职工，在晋升高级职务前必须积累足

够的事物管理经验。❶ 为了培养合格的学生事务管理人才，保障学生管理事务的有序开展，美国的 50 个州和 1 个联邦直辖特区都保证至少拥有一所高校开设高校学生事务管理专业，同时开设门类众多、方向细分的学生事务管理相关课程，以保证高校学生事务管理专门人才的培养及输送。根据美国大学人事学会（ACPA）的统计数据显示，美国共有 121 所公立及私立大学开设了至少 1 个以上的学生事务管理研究生教育项目；有 56 所大学开设了学生事务管理的博士生教育计划。❷

在专业培训方面，美国的高校学生事务管理行业将专业工作人员按照所从事工作的不同划分为了初级、中级、高级三个层次。初级职员的职能主要是履行普通型的一般事务，如招生工作中的相关初级任务、学生宿舍管理等；中级职员的职能偏向于管理，具体负责的事务有心理健康教育、学生资助等；高级职员则负责统筹全校学生事务管理的总体性工作。在学生事务管理行业的专业化发展上，具体的培训方式包括正式教育和非正式教育两种。正式教育指常规的课程培训，非正式教育主要是利用午餐会、研究会、工作坊的形式进行职业技能培训。美国的高等教育行业特别重视工作人员工作能力的提升和职业素养的养成。工作人员在应聘上岗之前，必须通过严格的岗前培训，才能取得上岗的资质；同时，在入职后，要接受定期的校内、外培训。常见的培训形式与我国辅导员的培训形式相类似，有专家讲座、分组讨论、培训资料的统一讲授等。通过查阅国内外相关学术研究资料发现，高级管理人员对于初级职业的业务指

❶ 方魏 . 市场经济条件下的学生工作——中美比较研究 . 浙江省高等教育委员会课题结题报告 [R]. 1994：17.

❷ American College Personal Association (ACPA) A Directory of Graduate Programs in StudentAffairs(2003-2005).http：//www.acpa.nche.edu/c12/directory.htm. 2005-12-17.

导，以及初级职员间的交流研讨对于促进学生事务管理能力的提升有很大的促进作用；而对于高级职员来说，更适合通过参加行业交流会、研究相关专业书籍等方式进一步提升自身的工作水平。

在专业发展途径方面，鼓励从业人员参加行业交流活动并提供一定数额的资金支持，是美国高校为提升学生事务管理专业能力所采取的常规做法。对于初级职员和中级职员，高校通常会给予相对较高的资金用以参加地区性的行业协会交流活动，而全国性的专业交流普遍会指派高级职员参加。除此之外，美国高校对于学生事务管理人员的深造持支持态度，会划拨专项资金用以补助员工接受更高层次的专业教育。学生事务管理的专业发展同时也是具有独立性的职业协会和相关专业组织的关注重点。美国的各个州均设立大量的学生事务管理领域的职业组织。职业组织在推动学生事务管理领域从业人员的专业化发展上作出了突出贡献。职业协会通过制定职业标准、编写培训计划、组织撰写并刊发学术论文和行业会刊等多种形式，帮助提升学生事务管理人员的业务素质。目前，在美国影响力最大的两家全国性学生事务管理职业协会，分别是总部位于华盛顿特区的美国学生事务管理者协会（NASPA）和美国大学人事协会（ACPA）。

在专业化评价体系方面，在当前在美国高等教育中，为了促进学生事务管理工作队伍的专业化发展，普遍采用设置专业评价标准这一方式来推动该行业从业人员的专业能力提升。

美国的学生事务管理工作的核心任务是促进学生发展。在某种程度上，能否有效促进学生发展，是学生事务管理行业赢得声誉的重要指标。如何对学生进行服务和促进学生发展成为美国学生事务管理行业重点研究的问题。相关从业人员和学术专家意识到，需要为行业建议一个清晰而准确的可行性标准用以更好地服务学生、更有效地促进学生的发展。在这样的背景下，部分行业专家、职业协会及专业组织在共同的努力下，成立了美国高等教育标准促进委员会（Council for the Advancement of Standards in Higher Educanon，简称 CAS)），开始设置配套的行业标准，并于 20 世纪 80 代年出版了《高等教育专业标准与指导原则》并编写了《发展自我评量指引》。经过多年的探索和发展，2003 年 CAS 第四版已经涵盖了 29 个实务工作准则和 1 个硕士准备教育专业准则，同时将自我评量指引的数量提升至 30 个 ❶。三年后出版的第六版在修订前版的基础上，增设了 5 个新的功能领域标准及对应的指导方针。发展到今天，CAS 标准在高校学生事务管理行业及相关从业领域广受好评，已经成为学生事务管理的重要标准，并被应用至实际工作当中。

我国的学生事务管理职业化建设和专业化发展尚处在初级阶段，相关的理论支撑还不够完善，队伍建设的规章制度也不够丰富。具体而言，在我国，该项工作的理论体系没有完全建立，没有深入研究学生事务管理专业化的具体实施方案。专业协会的建立，无论是数量上还是质量上，与美国相比还有很大的差距。现有的专业协会具体的工作方式还不够成熟，相对完善的针对我国高校辅导员实际工作特点的学生事务管理专业培训的设置，需要借鉴欧美发达国家的先进经验为我所用，以推进我国高校辅导员队伍专业化和职业化的进程。

（二）借鉴我国教师专业发展先进经验

1. 教师专业发展理论较为成熟

霍伊尔（Hoyle）认为，"教师专业发展是指在教学职业生涯的每一阶段，

---

❶ 姚圣梅. 高校辅导员工作评价体系的构建与实践 [J]. 成都大学学报，2009(4)：33–34.

教师掌握良好专业实践所必备的知识和技能的过程。"教育的专业性和学术性是教师专业理论的两个基本概念。前者指的是国家有专门的教师教育机构，专业教师资格和教师教育机构和管理制度，专业化的教育内容和措施。后者指的是对教师的学历标准和规定，同时具有明确的学术标准和法规，教育能力和教师职业道德的具体要求。

　　教师专业发展理论的另一个方面是，教师的专业发展是一个深化的过程。教师专业发展与教师专业化这两个概念有时是相通的，它们都强调教师的专业水平中；而有时这两个概念不同，区别在于它们强调的是内部还是外部，个人还是整体。专业发展是指教师的内部和个体专业提升，而专业化主要是强调外部和教师的整体发展。

　　当前，我国对教师专业发展的研究强调较多的是校本教研提出的"专家引领、同伴合作，自我反思"三条发展路径。专家引领是指向书本学习，向专家学习，开阔视野、更新观念、激发反思。同伴合作是指汲取其他伙伴发展中的成功经验，为我所用，促进自我成长。这一途径对推动教师专业发展是明显的，但因缺乏系统理论的支撑，容易止步于技术操作层面。自我反思强调教师发展要从在自我的实践中发现问题，寻找规律，实现自我反思。但很多反思停留在技术之外，关注的是管理效率的提升。这样的自我反思在某种程度上局限了教师的视野。综上，无论哪种专业发展路径，都需要发挥教师专业自主意识，必须有自觉的专业发展意愿才能取得更好的发展效果。很多学者关于教师在教师专业发展中的地位和作用也做过相应的研究。有的学者提出了自我更新取向的教师专业发展，强调教师自我专业发展意识的独特作用。❶有的学者提出教师自主发展论，指出教师专业发展是一个教师自我发展、自我完善的过程。有的学者对教

---

❶　叶澜，等. 教师角色与教师发展新探 [M]. 北京：教育科学出版社，2001(5)：11–12.

师反思极为关注，提出教师专业发展和反思性道路。

辅导员是教师队伍的重要组成部分，教师专业发展的基本观点能够成为辅导员自我发展的理论依据。以教师专业发展主体理论与本研究的关联为例：信念理论是分析辅导员工作理念的基础；感情理论是辅导员智慧研究需要参照的；知识理论、能力理论是对辅导员角色分析和建立辅导员专业培养方案的依据；辅导员的工作内容及职能的发挥等与领导理论、合作理论、学习理论、反思理论、教学专长等理论的联系十分密切；生涯发展理论、学习理论、倦怠理论等对本书解决辅导员自我发展困境问题是可以直接应用的。从教师和辅导员专业发展的内涵来看，辅导员的发展自然也包括要向专业化的方向发展。教师是人类既有文明的传递者，也是建构者，既要学习又要研究，既要为学生的发展服务，又要实现个人发展，既要奉献也要发展。❶同时，社会的进步必然推动职业的专业化，教师职业也不例外。此外，专业发展是教师"作为具体而丰富的人（而非工具）的整体发展"❷。在研究辅导员发展问题时，可以直接借用这些教师专业发展理论方面的观点。

用教师专业发展基础对辅导员作为教师角色的讨论，辅导员的专业发展与教师专业发展概念上是相同的，都是一个多层次、多维度的概念。它可以指知识技能的增长，也可以指专业意识的养成，还包括专业身份的建立。"其目的在于实现教师个体生命的价值，促进学生的成长，满足学生发展和国家教育改革的需要。"❸由于辅导员具有教师的身份，所以他们必然具有教师的共同属性和发展特征。辅导员的专业发展与教师的专业发展有明显的契合点和关系。比如

❶ 熊川武.反思性教学 [M].上海：华东师范大学出版社，1999：92.
❷ 马健生.现代教育制度与思想 [M].北京：高等教育出版社，2004：335.
❸ 叶澜."回望"——生命·实践·教育学论丛 [M].南宁：广西师范大学出版社，2007：149.

说，两者都需要外部和内部的制度作保障，"辅导员队伍的建设也应遵循和符合教师队伍建设的一般规律"等。

对辅导员自我发展的研究是基于提高大学生的教育质量为目的的，从教师专业化的理论视角研究和探讨辅导员自我发展的问题，既有利于丰富辅导员的发展理论，也有利于加快辅导员专业化发展的进程。

2. 借鉴教师专业化的成功经验

我国对于教师专业发展问题的研究起步较晚，但是随着高等教育事业改革的不断深入，教师专业发展越来越受到党和国家的重视，越来越引起高等教育行业专家、学者和从业人员的关注。笔者通过在中国知网查阅相关硕士和博士学位论文发现，最近几年，讨论教师的专业化发展及相关问题的学位论文数量逐年递增。这些论文从不同的学术视角探讨了教师专业化发展的理论基础、政策框架、建设道路、执行策略、具体规律等诸多问题。

在义务教育阶段，国家的教育主管部门积极倡导施行素质教育，而学生综合素质的提升，首先要求参与教育活动的教师拥有过硬的综合素质。为了顺应时代要求，教育部颁布了《面向 21 世纪教育振兴行动计划》。其中提到要开展"跨世纪园丁工程"，旨在以理论学习、实践探索、国内外交流、学术研究等多种方式有效提高教师的业务能力和综合素质。"园丁工程"的开展，标志着我国对教师的教育及培训要求已不仅仅局限于其学历水平，而是关注于教师业务能力和综合素质的提升，已经开始建立帮助教师提升专业素质的继续教育体系。虽然现行的教师教育实施方案还存在一些不足，但是还有很大的进步空间，距离与教师的专业发展合理契合还有一定的差距。从中可以看出，切实促进教师综合素质的提升，是今后教师队伍专业发展的重要思路。

现代教育的发展必须以教师队伍的专业化建设为基础，教师队伍专业化是实现科教兴国的战略目标的有力保证，这也是世界各国教育事业共同关注的工作重点。教师的专业化发展是顺应教育事业发展的必然要求。作为教师队伍中具有代表性的重要成员，高校辅导员也必须遵循专业化建设和职业化发展的客观规律。《中华人民共和国教育法》《中华人民共和国高等教育法》《高等学校教师职业道德规范》等法律法规的颁布实施，从制度层面保证了教师专业化发展的顺利施行。教师资格证制度的积极推行、教育教学类学术期刊的大力发行、教育专业课程建设的丰富发展，都为辅导员队伍的专业化、职业化发展提供了丰富的营养，在一定程度上推动了辅导员队伍的职业化进程。❶

❶ 叶澜，等. 教师角色与教师发展新探 [M]. 北京：教育科学出版社，2001.

第五章　高校辅导员自我发展的现状、问题及归因

一、高校辅导员自我发展的调查研究现状

（一）问卷调查

为了准确和全面地了解高校辅导员在自我发展问题上的现状，笔者采用了问卷调查。问卷调查采用的是网络调查的方式，通过微信、QQ 有针对性地在各高校辅导员群体中发放调查问卷。

1. 调查的基本情况

问卷发放 5000 份，回收有效问卷 4360 份，调查对象覆盖全国 17 个省（自治区、直辖市）的 30 所高校。问卷共包含 30 个问题，包括基本情况和发展现状两个部分，设有选择和开放式问答两种形式。问卷的设计思路是以辅导员群

体发展的现状为起点，以辅导员发展路径的归宿为假设，从辅导员自我发展的主、客观条件为调查内容，旨在了解辅导员自我发展的现状。

调查数据显示，调查高校辅导员的性别构成比较均衡，女性占50.26%，男性占49.74%。从年龄结构上看，20~40岁占受访者的80%。在被调查的高校辅导员中，硕士占83.25%，大学本科占12.57%，博士和专科所占比重都比较小，并且比例相近；而且本科院校比例较大，高职高专院校、独立学院（三本）比重都较少。从专业技术职务构成来看，初级及以下占33.51%，中级占60.21%，正高、副高在辅导员中还是少数。

2. 辅导员队伍的现状

从整体上看，专职辅导员人数配备已基本达到国家要求，队伍结构更趋合理。总体上看，辅导员队伍主体年富力强，有良好的"传帮带"的基础。年龄结构比较合理，学历层次较高。但通过调查研究可以看出，长时间从事辅导员工作的人逐年递减，辅导员对职业的归属感逐步减弱。随着年龄的增长，愿意长期从事这个职业并将这个职业作为终身事业的人在逐渐减少。高校辅导员职级晋升和职称评聘的制度逐步得到落实，高校辅导员的职业发展空间不断加大，但是具有副高职和高级职称的辅导员却凤毛麟角。辅导员的专业构成呈现出多学科的状态，但思想政治教育学科仅占1/5，可见辅导员专业化水平还不高。

（1）从辅导员工作动机和职业选择上看

选择辅导员工作的原因构成：喜爱高校工作环境的占83.25%，喜欢从事辅导员工作的占48.69%，认为个人价值得以实现的占38.74%，认为职业稳定性强的占47.12%，认为专业对口的占14.66%，认为社会地位高的占13.61%，认为入职门槛低的占4.19%，其他占10.47%。由此可见，辅导员职业选择动机不完全取决于他们对工作的热爱。只有一半的辅导员是因为喜欢辅导员职业而从事该工作的，这对于辅导员队伍的稳定性有重要影响。

辅导员在工作上投入的时间：平均每天工作在8小时以内的占19.9%，工作8~12小时的占65.97%，工作12小时以上的占14.1%。由此可见，辅导员的工作强度比较大。

从想成为哪个领域的专家上看，日常思想政治教育占31.41%，班级建设和活动占1.05%，学生事务工作（评优、奖惩、帮困等）占7.33%，学业指导和学风建设占8.38%，学生党团建设占9.42%，心理疏导和职业生涯指导占15.18%，校园的安全稳定工作与突发事件处置占1.57%，网络新媒体工作占5.76%，创新创业指导占19.9%。由此可见，在专家化道路的设计和选择上，辅导员有比较明确的想法和规划，有目标指向。

从工作难易程度上看，认为有难度但很重要的占94.24%；认为容易并很重要的占5.76%；认为容易但不重要及认为没什么大不了的占0%。由此可见，辅导员对于本职工作重要程度的认识高度一致，这是一项难度和重要程度都很高的职业。

是否愿意把辅导员工作当成终身职业上看，愿意的占41.36%，比较愿意的占17.8%；不太愿意的占13.09%，不愿意的占7.33%，取决于这一职业的发展情况占20.42%。由此可见，辅导员职业化进程还比较缓慢，很大一部分辅导员对于终身从事这项工作没有太大的信心。

（2）从专业素质和个人能力上看

从参加与辅导员工作相关的科研课题的情况看，参加过国家级以上课题的占9.95%，参加省级以上课题的占45.55%，参加过校级课题的占56.02%，没参加任何课题研究的占16.75%。调查高校辅导员自参加工作以来，以第一作者发表与辅导员工作相关的学术论文情况，发表 0 篇的占 23.04%，发表 1~2 篇的占 36.65%，发表 3~4 篇的占 24.61%，发表 5 篇以上的占 15.71%。统计数据表明，辅导员在科研上还是十分积极努力的，但是受困于专业，参加课题和发表论文的质量还不是很高。

调查获得资格证书的情况：获得教师资格证书的占 76.44%，获得心理咨询师三级（二级）证书的占 35.6%，获得职业指导资格证书的占 25.65%，具备其他相关资格证书的占 32.46%，暂时没有取得相关证书的占 13.09%。由此可见，大多数辅导员具备一定的专业资质和能力。

调查辅导员目前工作中的心理状态：积极上进、乐观自信、充满成就感的占 41.36%，偶尔烦躁、有一定心理压力的占 46.07%，经常感到压抑、压力很大的占 5.24%，身心劳累不堪、渴望转岗的占 7.33%。调查辅导员队伍职业压力主要来源，工作中扮演角色多、工作强度大的占 85.86%，个人发展得不到基本保障的占 56.02%，自身素质与工作需要存在差距的占 20.42%，处置学生中各种问题感到力不从心的占 19.37%，辅导员工作与家庭的矛盾的占 25.65%，社会各界对辅导员的期望的占 25.13%。由此可见，辅导员的工作压力大，给辅导员的心理健康造成了一定程度的困扰，但是大多数辅导员还是可以正确而积极地去面对工作的纷扰的。

调查辅导员希望提高自身某一方面能力的结果显示：表达能力占 36.13%，教育引导能力占 49.21%，管理服务能力占 40.31%，组织协调能力占 31.41%，观察分析能力占 27.23%，交往能力占 20.42%，职业生涯规划与就业指导能力占 58.64%。由此可见，辅导员在能力提升方面还有空间，他们期待提升个人的职业能力。

（3）从辅导员发展的外部环境来看

调查对学校分配机制及评价机制的看法：分配机制科学管理、能充分体现个人能力与贡献的差异占 39.27%，固定成分太大、激励性不强占 35.6%，平均主义、"大锅饭"现象依然存在、干好干坏都一样占 22.51%，好坏差距悬殊、两极分化严重占 2.62%。由此可见，目前，在分配机制和评价机制上科学性还有待加强，辅导员对学校这方面的工作满意程度不高，也会对辅导员工作的积极性产生影响。

调查最近三年辅导员参加培训的情况显示：没参加过培训的占 18.85%，参加过 1 次培训的占 31.94%，参加过 2 次培训的占 20.94%，参加过 3 次培训的占 13.61%，参加过 4 次培训的及以上占 14.66%。调查高校辅导员给予所参加过培训的评价，很有效果的占 26.7%，有一定效果的占 60.21%，没多大效果的占 10.47%，没效果的占 2.62%。由此可见，各高校辅导员培训活动普遍开展，但是其培训效果还有待于进一步提高。

调查所在学校对于辅导员攻读思想政治教育相关专业硕士或博士研究生的态度显示：鼓励、并有相关管理办法的占 54.45%，鼓励、没有相关管理办法占 32.98%，不限制的占 10.99%，不允许的占 1.57%。由此可见，高校还是鼓励辅导员进一步学习深造的占大多数，但是与之相匹配的政策办法还需进一步设计和实施。

调查辅导员所教授的课程的结果显示：思想政治理论课占 33.51%，党校培训课占 28.8%，职业生涯规划、就业指导课占 64.92%，心理辅导课占 16.23%，公共选修课占 18.32%，其他专业课程占 7.85%，形势与政策课占 43.46%，不上任何课程占 10.47%。从辅导员所在学校对辅导员专业技术职务或行政职务考核晋升评审是否单列指标、单设标准上看，均单列占 52.36%，指标单列占 15.18%，标准单列占 12.57%，均不单列占 19.9%。由此可见，辅导员的双重身份得以落实保障，辅导员都上与工作相关的课程，专业课程较少。

（4）从辅导员自我发展意识上看

调查对辅导员发展空间上的看法的结果显示，很好的占 14.14%，比较好的占 29.84%，比较有限的占 40.31%，很有限的占 15.71%。从当前辅导员工作所面临的主要困扰上看，不受重视的占 39.27%，发展空间有限的占 67.54%，工作界限模糊的占 63.35%，任务繁重的占 74.87%，工资待遇偏低的占 46.07%，缺乏良好的考核激励制度的占 39.79%，其他占 2.62%。由此可见，辅导员在其发展空间上是比较担忧的。

调查辅导员对自己的未来发展规划的结果显示：长期做下去成为一名职业化、专家化的辅导员占 49.21%。一有机会就转岗、从事教学科研或校内行政管理工作的占 36.13%，考公务员、创业或从事其他高校以外的工作的占 2.62%，不知道发展方向、比较迷茫的占 12.04%。由此可见，想长期做辅导员的仅占辅导员队伍的一半，辅导员队伍的稳定性堪忧。

调查在辅导员职业发展过程中对最重要因素的看法显示：国家关于辅导员发展路径的设计与规划占 30.37%，各地区关于国家政策的落实占 14.66%，学校对于辅导员工作的重视占 36.65%，辅导员自身的努力和提升占 18.32%。由此可见，辅导员的自我发展意识不强烈，没有认识大自我在发展中的重要作用，这也是本研究的价值所在。

在辅导员如何实现自我发展在这一开放式问题的调查中，大多数辅导员都认为应该多学习，通过学习的方式提高自己各方面的综合素质和能力，包括政治素养、沟通能力、科研能力、职业修养等。此外，有的辅导员提到要明确个人的职业生涯规划，走职业化、专业化的发展道路；有的辅导员提到要增强职业认同感，保持良好的心态；有的辅导员明确提出，要多实践、多锻炼，在实践中检验理论研究成果，提升能力。

（二）访谈调查

为了弥补问卷调查法的不足，本书在问卷的基础上增加了访谈。笔者通过访谈的方式对 8 名高校教师进行了访谈，更加深入地了解到高校辅导员的发展现状，进一步分析了高校辅导员自我发展过程中的问题及原因。

在访谈的结构设计方面，本调查主要采用结构式访谈。访谈对象的选取都是在某一方面很有代表性的，访谈对象分别来源于两个省、三个学校，主要从被访谈者的基本情况、职业认同、面临问题、未来职业规划、发展路径选择等方面进行访谈。

Y：女，32 岁，硕士学历，已婚，孩子一周岁，丈夫也从事辅导员工作，工作年限 8 年，首批"3+2"辅导员，带学生 300 人，学生会秘书长，党支部书记，学院党务秘书。

R：女，30 岁，硕士学历，2007—2012 年，担任兼职辅导员，2012—2014 年，担任专职辅导员，2014 年转岗进入事业单位，转岗时，孩子不满六个月。

X：女，36 岁，2007—2010 年，担任专职辅导员，院团委书记，2010 年考取辅导员博士，后调任校团委工作，任宣传教育科科长，一直工作在学生工作一线。

Z：男，36 岁，2007 至今，一直担任专职辅导员工作，院团委书记。2013 年考取中国社科院中国共产党党史博士。

L：男，38 岁，硕士学历，2002 年参加工作，在辅导员岗位工作了 14 年，学校首批副处级辅导员，曾被评为"全国优秀辅导员"。

G：男，40 岁，学生工作处处长。

F：女，38 岁，马克思主义学院教师。

G：男，34 岁，人事处人力资源科科长。

调研显示，目前，高校辅导员的状况基本达到了国家要求，但是还不能完全满足高校学生思想政治教育的需求，高校辅导员队伍还存在职业的社会认同度不高、促进辅导员成长与发展的长效机制尚待完善健全等问题。从高校间对比可以看到，教育部直属高校对辅导员管理机制的建设和投入要远超教育部非直属高校。而教育部非直属高校也受到诸多因素的制约，如职称评聘的指标、行政待遇的兑现等问题尚不能及时得到解决。高校自身促进辅导员成长和发展的可利用资源与可选择渠道较少，高校与外界社会沟通合作培训培养辅导员、促进辅导员发展的机制尚未完全形成。辅导员对于自身发展上重视不够，没有明确的职业生涯规划和目标。因此，要从国家层面加大督促落实力度，高校要切实落实辅导员管理的各项制度要求；同时，高校也要自觉主动地为辅导员制度的落实创造良好的环境，推进辅导员队伍的职业化、专业化的进程。此外，辅导员还要在现有环境和条件下充分发挥自己的主观能动性，走出适合自己的发展道路。

二、高校辅导员自我发展的问题

（一）制约高校辅导员自我发展的外在机制

1. 辅导员的入职相对宽松

高校辅导员入职门槛的设置，无论是从政策界定上出发，还是从实际操作中着手，始终处于一个相对模糊的状态。虽然在身份的界定上，辅导员兼具教师和行政的双重身份，但是相对于专业教师的入职而言，辅导员的入职就显得相对宽松得多，具体体现在以下三个方面。

（1）对学历要求较高

在 2015 年 11 月教育部官方网站公布修订后的《普通高等学校辅导员队伍建设规定》，对普通高校辅导员选择聘用的学历标准明确规定为"具备本科以上学历"，但是通过查询各省、市普通高校选聘辅导员的招聘简章可以看到，辅导员的普遍选聘学历标准为硕士及以上学历。同时，在执行过程中，辅导员作为高校教师队伍的重要组成部分，始终坚持以高校教师的标准来要求，因而在客观实际上约束着辅导员必须达到硕士及以上学历。一般情况下，学校的层次决定了辅导员入职门槛的高低。正规普通高等院校，至少在学历上对辅导员的要求是研究生，对年龄也有一定的要求。但是，在一些民办高校或高职院校，辅导员的学历要求放宽至具有本科以上文化。通过笔者的问卷调查分析显示，目前，高校政工队伍实际在岗人员的学历分布如下：博士占 3.66%，硕士占 83.25%，大学本科占 12.57%，专科及专科以下占 0.52%。由此可以得出这样的结论：当前，高校辅导员的选聘标准在文化程度上的要求不够清晰，本科学历和硕士学历的边界模糊，不同地区、不同院校都会按照实际情况选聘辅导员。

（2）辅导员的学科专业背景比较宽泛

《普通高等学校辅导员队伍建设规定》在针对辅导员选聘标准的制定上，强调了应当坚持选聘"具有相关的学科专业背景"这一标准。而笔者认为这种界定过于模糊，没有明确的要求和实际的操作意义。按照笔者的调查，在现有辅导员中，管理学专业的占 16.75%，哲学专业的占 2.62%，教育学专业的占 6.81%，思想政治教育相关学科专业的占 20.42%，文学专业的占 9.95%，历史学专业的占 1.57%，其他专业（工学、农学、医学、理学、军事学等）的占 41.88%。

在实际操作中，高校的自主选择权很大，凡思想政治教育相关专业或本学校具有的相关专业的都具备报名资格，甚至本学校具有的相关学科背景的也都可以报名，这样一来，辅导员的招考报名口径变宽，辅导员的来源及其所学专业过于广泛、复杂。这种选聘标准的执行所导致的结果：首先，来自各种学科类别和具有不同专业背景的高校毕业生均可担任辅导员；其次，辅导员与所负责的学生的专业难以保证有关联，吻合度过低。从这一角度可以理解，一部分初入职场的辅导员只是在一定程度上拥有对学生工作的热爱之情，仅仅掌握了相对浅显的学生管理基本原则。他们尚未完成高校辅导员工作相关理论知识的系统学习，在很大程度上，他们做学生工作的专业知识还很欠缺。即使是思想政治教育相关专业的，他们在专业知识的运用和积累上也会有不同程度的欠缺，这对辅导员的职业化和专业化无疑设置了的障碍。

（3）辅导员的入职标准和要求不高

普通高等院校辅导员在入职之前的最基本职业要求是"接受过系统的上岗培训并取得合格证书"。例如，在黑龙江省哈尔滨市多个普通高等院校辅导员的选聘及任用过程中，要求辅导员和所有的高校教师统一参加岗前培训。通常的培训周期为5~7天，并将对通过培训者授予《高校教师岗前培训合格证书》。但是在常规的岗前培训中，通常不会设置高校校园危机处理办法、新媒体时代的网络平台思想政治教育、高校学生心理健康教育等当前具有高度针对性的学生工作专项内容。综上，目前高校辅导员入职的条件较高，但对于专业限制较少，岗前培训过于简单，这些都容易对辅导员今后的职业和专业发展造成不利影响。这一状况亟须解决，当务之急是应该以政府教育主管部门的工作要求为切入点，进一步量化、细化、深化辅导员的入职标准，同时从制度层面和行政层面多措并举将符合职业要求的入职标准进行推动式普及。

2. 辅导员的角色定位模糊

（1）高校辅导员宏观角色定位

从宏观角度对高校辅导员进行角色定位，是指从党和国家的战略高度着眼，从社会发展的角度出发，充分评估辅导员工作的价值。大量辅导员工作的相关政策性文件显示，辅导员作为众多职业中的一种，具有其独特的特点和代表性。通过对比国家公务员、律师、建筑师等常规职业可以发现，目前，尚未有一种职业能够在党和国家的文件中、省市各级政府文件中，存在像辅导员这一职业被多次提及的情况。同时，也没有一个职业的角色定位如同辅导员一样边界模糊、定位不清晰。通过追溯高校辅导员制度的发展历史可以发现，辅导员队伍建设是党的一项重要任务，并非高校社会分工细化的体现，源自加强党对高校的领导，可以理解为这是一项政治工作。虽然高校的学生工作的外延伴随着高等教育的发展与推进在进行不断丰富和拓展，但其本源是政治工作。至今，学生工作在很大程度上还是依附于政治工作。也正因为如此，仅从德育领域这一单一视角出发对辅导员工作进行研究和探索，已成为当前普遍存在的问题。

教育部颁发的《关于加强高等学校辅导员、班主任队伍建设的意见》的相关文件对高校辅导员的工作进行了准确定位："普通高校辅导员既是高校的德育教师也是大学生思想政治教育的骨干力量，同时应该努力成为大学生健康成长的指导者和引路人。"这是我国最高教育行政管理部门，在充分考虑党、国家及社会对辅导员提出的明确要求的基础上作出的准确定位。将高校辅导员认定为德育教师，是国家培育合格的公民和优秀的未来建设者的需要，充分体现出中国特色社会主义高等教育在德、智、体方面育人工作上的鲜明特点；将辅导员工作放在大学生思想政治教育的骨干力量的位置上，则是党对辅导员培养社会主义合格建设者和可靠接班人的切实要求，体现了党对高校辅导员进行大学生思想政治教育工作的认可；辅导员应该成为大学生健康成长的指导者和引路人，则是党、国家和社会多方意志的体现。党和国家希望通过辅导员的指导和引路，培养政治素质、专业素养和个人能力都非常强的社会主义事业接班人。家庭和学生则希望辅导员能够通过对学生的教育、引导和服务，帮助学生在角色定位方面提升个人素质，为取得个人职业生涯的成功打好基础。通过以上梳理可以得知，党和国家、社会多方的共同要求，打造了辅导员的宏观角色定位。从国家层面出发，辅导员做好德育工作是基本要求；从党的工作出发，辅导员要做好政治工作是核心要求；从社会层面思考，则要求辅导员完成对高校学生成长成才的引导和服务工作。

（2）高校辅导员的微观角色定位

高校辅导员的微观角色定位是指学校对于辅导员日常工作任务和工作内容的具体要求。辅导员的日常工作任务和内容相辅相成，形成了一个相对完整的有机工作体系，在相互的衔接、补充和交互作用下有序运转。发挥自己的职业光芒，帮助大学生健康成长、全面成才，是辅导员工作的基本要求。若要充分完成好本职工作，切实履行自己的工作职责，那么唯有全面而透彻地理解辅导员的工作任务和内容，并将其付诸实践。从微观角色定位开展分析，可以认定高校辅导员工作在业务上主要有两方面的内容，它们分别是学生的日常思想政治教育和班级宿舍管理及辅导咨询服务。

在笔者访谈调研中，听到有人提出意见，"辅导员不就是'万金油'嘛？哪里都需要你，干啥都能干，只要跟学生有关的事就是你的事。""咱们文件上说，辅导员是大学生成长的人生导师和知心朋友，还是管理者。但是，实际工作中，因为你承担的职责太多了：学院的事、学生处的事、团委的事、就业的事情、组织部的事情，什么事都要干。我每天有写不完的材料，交不完的总结，还要管学生，带学生会，写学院的材料……"

通过访谈，笔者发现辅导员角色的定位不清晰、不明确，这将直接导致繁重的工作任务，这是辅导员的日常工作中最大的困扰。高校辅导员的角色定位比较多元，并且这些工作角色在时间分配、角色扮演、工作要求中常出现各种矛盾。因此，辅导员的工作压力较大，这也是造成辅导员工作职业倦怠的最重要原因。

综上所述，辅导员这一角色需要各方面能力均十分优秀的全能多面手人才来承担。辅导员这一职业的首要工作任务和角色需求，就是要充分承担起对大学生进行思想政治教育的职能，正确引领大学生思想。因此，辅导员工作具有很强的政治性和教育性。辅导员必须有过硬的政治素质，掌握教育学的知识，熟练运用教育技巧。由于辅导员职业要承担大量的管理和服务工作，所以这项工作的服务性、直接性、基层性、烦琐性和复杂性是不言而喻的。辅导员要承担起服务员、咨询员、组织员、监督员、宣传员等职能。这种过于复杂的角色要求，与相对模糊的角色定位，可能会造成初入职场的辅导员无法适应工作的情况。

3. 辅导员的身份尴尬

2004 年《意见》中提到"辅导员是高等学校教师队伍和管理队伍的重要组成部分，具有教师和干部的双重身份。"但在实际操作过程中，辅导员的日常工作多特指参与学生事务的管理、协调和组织，更加侧重于类似高校行政人员的职能。但是，在具体的过程中，又会经常性地出现"多重领导"现象，在一定程度上造成了辅导员工作职责的泛化。

（1）辅导员特殊的双重身份

辅导员的身份特殊，主要就是针对辅导员的具有高校教师和行政人员两者身份叠加而造成的固有印象。双重身份的设置。其出发点是好的，但在职业认同上容易出现误区，容易导致辅导员在具体工作的过程中出现职业归属感欠缺的情况。传统概念里高校教师的工作的职责是站讲台上，对学生进行授课，完成教学任务，用言语和示例去灌输知识。而传统意义上的行政人员，其工作职责是在行政岗位上履行职能，同时注意加强与相关职能部门的沟通协作。但是将高校教师与行政人员两种身份叠加而成为双重身份，却在一定程度上造成了辅导员的职业认同处于一个较为尴尬的状态。

辅导员是在教师序列中可以认定为高校思想政治教育序列教师，在职称评定上可以按照专业技术职称路线进行发展，但是与其他高校教师在工作形式上存在很大不同。笔者通过调查发现，辅导员所教授的课程情况如下：思想政治理论课占 33.51%，党校培训课占 28.8%，职业生涯规划、就业指导课占 64.92%，心理辅导课占 16.23%，公共选修课占 18.32%，其他专业课程占 7.85%，形势与政策课占 43.46%，不上任何课程占 10.47%。辅导员不但能在学生的日常生活和学生活动中，通过语言的沟通和行动上的示范来对学生进行思想政治教育，而且可以通过课堂讲授进行思想政治教育工作，在现实上实现行政和教师的双重身份。但是由于专业的限制，很多辅导员所讲授的课程多为职业生涯规划、形势政策等课程，专业性不强，因此这种双重身份就显得比较特殊。

（2）辅导员的"不定性"晋升通道

当前，对辅导员序列的职称、职级的评定，普遍参照高等学校教师专业技术职务的评聘标准来施行。虽然在教育部颁布的《普通高等学校辅导员队伍建设规定》对于辅导员的身份定位有"辅导员具有教师和干部双重身份"的清晰表述，但在大多数普通高校现行的具体人事制度中，根据人事部的规定，普通高校作为事业单位的一种，普遍设置的是"专业技术岗位""管理岗位"和"工勤岗位"三种不同的职业岗位。其中，与辅导员职称评定相关的是"专业技术岗位"和"管理岗位"。单纯以专业技术岗位的发展作为评级晋升通道，专业的限制，课时量的相对较少等客观事实，都不同程度地造成了辅导员职称评聘困难的局面。倘若单纯地从管理岗位角度参与职级评定，则无法回避的事实是辅导员的数量相对庞大，其中的大部分辅导员在任职期限内无法得到承担实职领导岗位的机会，晋升的难度较大。因此，为辅导员的职业发展设置独立的职称职级序列，是当前辅导员晋升所迫切需要解决的问题。

问卷调查显示，辅导员所在学校对辅导员专业技术职务或行政职务考核晋升评审是否单列指标、单设标准上看，均单列占 52.36%，指标单列占 15.18%，标准单列占 12.57%，均不单列占 19.9%。由此可见，辅导员的双重身份得以落实，但是在职称评定上还有很多学校没有单列指标、单设标准。

单纯的双岗定位一岗晋升的职级评定标准对辅导员造成的不良影响如下。首先，影响辅导员的对自身职业的认同，在"高校教师"和"行政人员"两种身份之间来回摆动，无法清晰把握自己的职业定位，容易产生职业认同障碍，进而影响自身职业生涯规划。根据笔者与不同的辅导员的交流发现，有一部分辅导员仅仅认为自己是教师或是行政人员，在职业认同上忽略了自己是辅导员。这在一定程度上对于辅导员队伍的发展造成了不良影响，导致了辅导员队伍的人才流失。其次，造成辅导员对自身职业发展期望过低，特别是如果单纯从管理岗位角度进行职级评定，辅导员容易出现认为自己将长期甚至永远从事基层辅导员工作，对自身的职业发展期望陷入误区。此外，这对辅导员的工作热情产生了消极影响。晋升是职工工作动力的来源之一，在辅导员的日常工作过程中，由于当前的职级评定标准导致辅导员无法清晰地看到自身职业发展路线，在具体工作中较难体会到事业成功带来的满足和成就感。与此同时，很多高校在相关政策层面上缺乏对辅导员工作的支持和指导，这在一定程度上导致辅导员以消极的心态开展每天的工作，久而久之形成职业倦怠，甚至会对学生的发展产生影响。

4. 辅导员发展缓慢

辅导员的个人发展能够影响辅导员整体队伍的发展。由于辅导员工作性质有独特的代表性，工作开展方式存在自身特点，由于辅导员在定性、定位、定职等各方面还存在问题，因此，辅导员队伍要走专业化、职业化的发展路径。这是解决辅导员队伍整体发展的重要途径。就目前我国辅导员队伍的发展现状来看，无论是专业化还是职业化，都有一段相当长的路要走。

（1）辅导员队伍专业化问题

自 2004 年《意见》颁布以来，党和国家高度重视高校辅导员队伍的建设。从国家到省、市各级政府、教育主管部门、全国各个高校，均在辅导员队伍建设上投入了大量的时间和精力。当前的高校辅导员队伍建设，已经在思想的引领、体制的建立、机制的完善、制度的明确、人才的培养等多个方面取得了阶段性的发展成果，并在党和国家的指引下循序渐进地将辅导员队伍建设工作的纵深加以延长。但是与此同时，当前的高校辅导员队伍建设事实也存在的一些实际问题。

辅导员问题的核心在于如何促进辅导员的专业化发展，如果将辅导员的专业化发展工作落到实处，可以从以下三个角度着手。第一，深化对具体行动的实践性研究；第二，通过具体政策鼓励符合工作年限要求的辅导员参加进修；第三，制定并实施可行性强的切实有效的激励措施。在对具体行动的实践性研究上，辅导员应该以促进自身的专业发展为契机，加强对身边日常工作中的教育现象的观察、分析和归纳总结，并在此基础上不断改进教育方式和工作方法。

在鼓励辅导员进修，特别是攻读博士学位方面，调研结果显示并不是特别乐观。

目前，我国高校中马克思主义理论一级学科覆盖的思想政治教育博士学位授权点仅有 21 个，思想政治教育二级学科博士学位授权点仅有 45 个。其中能够针对辅导员的工作特点而招收辅导员攻读博士学位的博士点更是少之又少。一方面，全国各大高校思想政治教育博士点每年的招生名额十分有限，教学资源稀缺，专业门槛相对较高，对于非思政专业背景的辅导员来说具有特别大的报考难度。另一方面，辅导员学历的提高与当前辅导员队伍的专业化建设需求衔接不够紧密。在辅导员队伍建设的激励措施的设置与实施上，全国大部分高校施行的常规激励措施普遍采取"一刀切"的方式，没有注意区分辅导员具体工作类型的不同特点和工作难度。

没有设立专业学科。现今，全国各地普通高等院校在对辅导员的选拔上都是按照高校现行的人事制度要求和实际工作量的具体需求来执行的，同时参考选拔思想政治教育工作者的一般标准进行常规选拔。在此过程中，几乎不会体现出明确的专业素质考察和职业资质验证。从学科专业角度看，辅导员工作所对应的支撑专业应该从属于思想政治教育二级学科，除此之外，没有更多具有针对性的对口专业提供理论依托，专门的师资力量相对匮乏。在一定程度上，相当一部分辅导员在入职前只是接受了最基本的岗前培训就开始投入工作中。辅导员的工作涉及大学生党团建设、班级建设、学生日常事务管理、大学生心理健康教育、职业生涯规划意识的养成及规划教育、贫困生的评选及资助、奖学金的评定、网络平台的思想政治教育等方方面面的内容。这些工作内容的开展分别涉及思想政治教育学、社会学、心理学、管理学等十余个学科领域。辅导员的工作可以用覆盖面广、工作量大、工作内容复杂来形容。在这种相对较高的职业压力下，辅导员在实际工作中容易产生因自身业务能力的欠缺而导致的无力感。

缺乏专业化培训。笔者的调研结果显示，辅导员最近三年参加培训的情况：没参加过的占 18.85%，参加 1 次的占 31.94%，参加 2 次的占 20.94%，参加 3 次的占 13.61%，参加 4 次及 4 次以上的占 14.66%。调查高校辅导员给予所参加过的培训的评价，认为很有效果的占 26.7%，认为有一定效果的占 60.21%，认为没多大效果的占 10.47%，认为没效果的占 2.62%。通过访谈可以看出，现在很多培训流于形式，培训效果往往不太满意。由此可见，虽然各高校培训活动普遍开展，但是在辅导员培训体系的完善上，还存在诸多问题亟待解决。

很大一部分高校的辅导员培训机制的建立与施行尚未达到中央文件要求的水平，还没有形成全国范围内的科学合理的系统性培训体系，其主要原因如下。

一是缺乏专业的辅导员培训机构和专业的培训师资力量。自 2007 年教育部公布了首批 21 个教育部高校辅导员培训和研修基地以来，一些经济相对发达的地区已建成了功能相对完善、规模相对宏大的辅导员培训基地，并形成了一定的专业培训体系。但是，从全国所有普通高校的实际情况来看，尚未设置辅导员专业培训机构或培训基地的高校占大多数。

二是缺乏有针对性的培训计划。大部分的普通高等院校都没有制订相对完善且具有执行性的辅导员专业技能培训计划，在一定程度上忽视了培训工作对于辅导员职业技能增长的重要意义，不清楚辅导员培训制度的总体规划。

三是现有的培训流于形式，缺乏具体培训内容的针对性。现有的辅导员专业培训大多数是以辅导员的常规工作能力的提升为主题，所施行的具体内容并不能很好地解决辅导员在具体工作中所遇到的实际问题，缺乏针对性。常规工作的方法教学不能很好地适用于已经具有多年工作经验的辅导员，未能很好地体现出对辅导员分层次、分阶段的培训和引导。特别是在当前辅导员队伍要求专业化发展的大背景下，培训的内容过于常规，缺乏层次，形式大于内容，缺少对于对辅导员十分关注的专业知识能力提升、职业态度及职业角色认同、职业道德教育等方面的系统研究，不能很好地适应时代要求。

四是培训的方式、方法过于单调。当前，针对辅导员进行的职业能力培训，所采用的常规方法基本为集中授课法，通过请专业老师讲课或者观看教学视频的形式来进行知识的普及，没有充分地运用现在常用且效果良好的商业培训方式，如团队素质拓展训练，分小组自由讨论等形式。目前，保守的授课形式居多，创新的开放式参与教学方法使用较少。这种相对传统的常规培训方法，能够解决一定程度上的知识普及的初级阶段问题，但无法切实有效地达到解决层次提升和资格认可等深层次问题的效果。与此同时，也有一些地区的辅导员培训基地专门开设了一些面向辅导员的较高层次的专题培训，看似形式新颖发、内容丰富，但是由于培训基地之间缺少交流互动，信息沟通不够有效。其中，多数是以当地的教学优势或擅长的学科领域出发来设计培训内容，这就不可避免地出现了一部分专题内容雷同，一部分专题涉及范围过小、缺乏实用性等问题。

作为近几年兴起的辅导员培训形式，高校辅导员骨干高级研修班将理论层面的系统学习与实践层面的有效训练进行有机结合，通过集中学习、考察汇报、挂职锻炼、在岗研修四种形式，在提高辅导员的理论素养、提升辅导员德育育人的工作水平、加强思想政治教育学科领域研究能力等方面都取得了一些优秀成果，积累了一定的有益经验。但是不能忽略的客观事实是，一方面，辅导员骨干研修班在形式和内容上近似于精英培育，学习门槛较高，能够参加骨干研修班的辅导员数量相对较少，无法有效地满足普通高等院校全面提升辅导员素质能力水平的现实需求；另一方面，骨干研修班的培训经历及培训合格后所颁发的结业证书不属于学历范畴，无法成为辅导员职业化发展的资格认可。

没有形成专业化的评价体系。笔者调研显示，对学校分配机制及评价机制的看法：分配机制科学管理、能充分体现个人能力与贡献的差异占 39.27%，固定成分太大、激励性不强占 35.6%，平均主义、"大锅饭"现象依然存在、干好干坏都一样占 22.51%，好坏差距悬殊、两极分化严重占 2.62%。在访谈中，一位辅导员提到"辅导员队伍中论资排辈的现象很严重，没有功劳也有苦劳，资历是很重要的考量"。

全国各地的普通高等院校根据自身的实际情况，制定了数量庞大的辅导员工作规定办法，力求将辅导员的选聘、使用、考核和奖惩等各个工作环节纳入规范化管理的轨道。但是，辅导员日常工作所需要承担的职能和工作任务纷繁复杂，工作量难以量化；思想政治教育的工作成果相对于其他常规工作偏隐性，较难以标准量化来考核辅导员的工作实绩。辅导员队伍的专业化发展和职业化建设目前尚处在起步探索阶段，对辅导员职业能力素质的培养、管理、考核的一般性标准还没有设置齐备。由于缺少对辅导员工作的考评标准的设置，因此无法保证能够公平公正、真实有效地以实际工作绩效来评价辅导员的具体工作。因此，应该尽早颁布辅导员工作的标准化工作条例，明确辅导员的工作岗位的职能、职责、标准，进而规范辅导员的行为职责，以制度化的标准来明确辅导员的职责，保障辅导员的权益。在此基础上，应该配套制定一系列完整规范的考核标准和管理办法，将辅导员的岗位职责、绩效考核、评先评优、职称评聘等关键环节予以进一步规范。

（2）辅导员队伍职业化问题

职业认同度低阻碍了辅导员的职业化。职业认同是指人们对某项职业的认知关系的正向确定，其中涵盖了自身对该职业的看法和观点，以及该职业未来发展的心理预期。简而言之，以辅导员工作为例，辅导员自身的职业认同，是指辅导员从心里对所从事的大学生思想政治教育工作充满认可，认定此项工作具有积极的社会意义，能够从工作中收获成就感。高校教师在人们的普遍意识中属于职业认同度较高的一项职业，但是辅导员作为高校教师的一种，几乎并没有得到与高校教师的职业相同的认同评价。相反，辅导员的职业认同度相对不高。

从学生的角度出发，他们普遍认为辅导员老师的日常工作较为辛苦，能够帮助他们解决日常生活中遇到的实际问题。但是，辅导员的工作性质类似于工勤服务，没有从事学术研究的专业课教师工作那样具有创造性和学术性。从学校层面来分析，辅导员具有高校教师和行政人员的双重身份，但是高校普遍将辅导员直接归为行政管理人员序列。高校的各项政策更多的是侧重于教育教学和学术科研，对于辅导员的重视程度低于专业教师。从社会层面来分析，人们对高校老师的固有印象是学识渊博、潜心学术、教书育人，教师的社会地位相对较高。而辅导员老师的日常工作偏向事物性，学术成就可能没有专业教师那样明显。在一定程度上，辅导员的社会认可度低于专业教师。从以上三个层面的分析可以看出，外部环境对辅导员这一职业认同度较低，在一定范围也导致了辅导员自身对工作的认同程度较低，致使辅导员的工作积极性降低，从而对辅导员队伍的职业化发展产生了消极影响。

笔者调查显示，"高校辅导员选择辅导员工作的原因构成。喜爱高校工作环境占 83.25%，喜欢从事辅导员工作占 48.69%，个人价值能得以实现占 38.74%，职业稳定性强占 47.12%，专业对口占 14.66%，社会地位高占 13.61%，入职门槛低占 4.19%，其他占 10.47%。由此可以看出，选择辅导员职业有很大的原因是高校的工作环境。表明，高校教师的身份职业认同度高，相对来讲对辅导员的职业认同度较低，只有一半的辅导员是因为了解和喜爱辅导员职业而选择的。从访谈来看，大部分受访者在选择这一职业的时候，"高校老师、工作稳定"成为主要考量因素，这样的受访者工作热情和干劲儿不是特别突出。相反，基于"喜欢学生工作""想象我的辅导员一样优秀""发挥专业所长"等原因选择这一职业的，在工作中也是非常突出的。

待遇偏低制约了辅导员的职业化。辅导员的工作量大，日常任务繁重复杂，但是所享受的薪资待遇相对于专业教师是偏低的。究其原因，高校的工资待遇是根据专业教师的职称和职级进行分配的。辅导员的日常工作集中在学生的事务管理和思想政治教育，工作相对烦琐耗时，在职称的评定上与专业教师相比不占任何优势。同时，高校专业教师的工作待遇涵盖了课时量和教学补贴等若干个组成模块，薪酬的多少与上课课时的多少呈正相关。因此，辅导员的工作待遇普遍低于专业老师。任务量与薪酬不成正比，工作相对繁重而待遇普遍偏低，这样的客观事实容易造成辅导员心理平衡感的缺失，在一定程度上制约了辅导员的职业化发展。

稳定性差限制了辅导员的职业化。一个具有健康而富有生命力的职业，一定是具有稳定性且职业寿命较长的。而当前，我国的辅导员职业化进程却出现了该职业稳定性不佳、职业寿命相对较短的问题。

调研显示，是否愿意把辅导员工作当成终身职业看待：愿意的占41.36%，比较愿意的占17.8%，不太愿意的占13.09%，不愿意的占7.33%，取决于这一职业的发展情况的占20.42%。由此可见，辅导员职业化进程还比较缓慢，很大一部分辅导员对于终身从事这项工作缺乏信心。

对辅导员发展空间的看法：认为很好的占14.14%，认为比较好的占29.84%，认为比较有限的占40.31%，认为很有限的占15.71%。从当前辅导员工作所面临的主要困扰上看，认为不受重视的占39.27%，认为发展空间有限的占67.54%，认为工作界限模糊的占63.35%，认为任务繁重的占74.87%，认为工资待遇偏低的占46.07%，认为缺乏良好的考核激励制度的占39.79%，认为其他占2.62%。由此可见，辅导员在发展空间上是比较担忧的。

调研显示，对自己的未来发展规划：长期做下去成为一名职业化、专家化的辅导员占49.21%；一有机会就转岗、从事教学科研或校内行政管理工作占36.13%；考公务员、创业或从事其他高校以外的工作占2.62%；不知道发展方向、比较迷茫占12.04%。由此可见，想长期做辅导员的仅占辅导员队伍的一半，辅导员队伍的稳定性堪忧。

笔者对黑龙江省哈尔滨市的5所具有代表性的高校进行了实地走访，并与一些辅导员代表进行了深入交流。在谈到辅导员未来职业发展问题上，大部分辅导员都明确表示没有打算长期从事辅导员工作，更多的辅导员是将此项工作作为过渡。这种情况或这种想法的产生与辅导员日常工作的责任重、压力大、要求多、强度高都有直接关系。同时，职业责任不清、角色定位的模糊、职业认同度低下、薪酬待遇偏低，也都是造成这种情况的诱因。面对如此复杂的职业发展形势，有相当一部分辅导员只是将现有的工作当作"跳板"，期望实现"先就业再择业"的迂回策略，尽早步入真正期望的职业。当前，辅导员队伍发展还出现这样一种倾向：除了一些优秀的辅导员被提拔进入管理层以外，一定数量的辅导员都在尝试取得更高学位，以进入专业教师岗位或其他单纯的行政管理岗位，这在很大程度上限制了目前辅导员队伍的职业化建设。

5. 辅导员政策落实不均衡

（1）制度完备，但疏于检查督促

对于思想政治队伍建设情况的考核，只是学校思想政治教育工作考核的一小部分，相关的考核情况大都停留在问卷和调研报告上。具体的核查形式有校级主管部门汇报、查阅历年档案资料及相关文件材料、召开师生见面会、随机抽取学生交流了解情况等。但实际情况是，全国大多数普通高校辅导员队伍建设的基本指标和相关数据，没有被纳入高校教育事业年度统计之中，仅有少量应用于一些相关学科的学术科研之中。辅导员队伍的基础数据是否详尽，与高校办学条件优劣的年度检评几乎没有任何关联。并没有检查督办关于辅导员的薪酬、待遇、晋升、身份等相关政策的落实情况，以至于很多政策文件流于形式，如同一纸空文。

（2）各高校的贯彻执行程度差异性大

在辅导员的选聘及其任职资格的确立上，不同的高校按照属于自己的尺度和标准来执行。部分高校，尤其是办学条件和综合实力相对欠发达的民办高校，仍然不同程度地存在辅导员队伍相对单薄、人员配备不齐，或一些任职的辅导员的个人素质和能力水平依照国家现行的辅导员基本任职标准还有一定差距的情况。

在辅导员的职业地位认可和身份认定上，教育部明确规定了高校辅导员具有高校教师和行政人员的双重身份，发展的通道也可以从教师岗和管理岗双线晋升。但事实上，在具体的执行过程中，有相当一部分高校出现了政策难以实施的情况，大量的辅导员始终处于非教师、非行政的尴尬地位。他们没有得到合理的待遇，辅导员职称职级的评聘缺乏明确的规范。

在对辅导员的业务培训上，岗前培训是全国各地普通高校在招收辅导员入职之前必须要履行的程序。但是除此之外，其余的校园内组织的常规培训或专题培训所开展的具体程度是非常不同的。即使是在培训学时这一最基本的条件，有些高校也很难保证符合国家文件的相关要求；与此同时，校外的辅导员研修培训基地所开设的培训课程面向的辅导员群体数量有限。一些基地的培训门槛过高，又有一部分辅导员日常性事物过于繁重而因无法参与培训。这些综合的因素共同导致了一部分辅导员研修培训基地的授课效果不佳。此外，当前施行的各类培训，其学习效果也较难应用于对辅导员的考核上。

（二）影响高校辅导员自我发展的内部因素

1. 辅导员自我职业定位的困境

笔者调研显示，辅导员队伍职业压力主要来源：工作中扮演角色多、工作强度大占 85.86%，个人发展得不到基本保障占 56.02%，自身素质与工作需要存在差距占 20.42%，处置各种学生问题感到力不从心占 19.37%，辅导员工作与家庭的矛盾占 25.65%，社会各界对辅导员的期望占 25.13%。由此可见，辅导员职业压力很大，来源于方方面面，经分析有以下集中表现。

（1）辅导员的工作经常处于"上"与"下"的夹心层中

辅导员的这种位于夹层的工作状态，主要来自于具体工作的开展过程中，他们要受到来自领导和学生同时给予的影响。这种影响在某些范围内属于是负面影响，容易使辅导员处于一个相对尴尬的工作处境，造成辅导员工作成就感的缺失。究其原因，学校对学生的培养有更高的期待，学生又对学校的教育和服务产生更高的要求，彼此处在一个相互影响的矛盾整体之中。学校希望学生能够拥有积极和进取的学习心态，自强不息的学习品质，希望培养出优秀的人才。因此，学校会制定高标准的规章制度去严格规范学生的一言一行。但是在具体的执行过程中，难免会遇到一些现实性的困难和问题。特别是，目前，高校的硬件设施虽然整体质量逐年提高，但是仍存在一些问题，容易学生产生不满情绪。当学生这种不满情绪累积到一定程度时，就容易受到不良文化的侵蚀。他们常常以写举报信、在网上发表过激言论等形式发泄出来。这种问题的解决，基本上依赖于辅导员的协调解释和说服教育。这种工作相对耗时而且效果不一定是显性的，无法使辅导员产生成就感，进而使他们产生了职业倦怠心理。

（2）辅导员的工作经常处于"左"与"右"的尴尬中

笔者在针对辅导员的职业定位问题的讨论上已经指出，当前，全国各地的普通高校的各级职能部门在开展具体工作中存在一个思想误区，认为辅导员的上、下联络职能专指代替专业教师、行政管理岗位的工作人员联系学生，为学生服务，因而只要是涉及学生的任何问题都应该交由辅导员代为处理。这种误区在一定程度上导致辅导员在完成具体工作时陷入左右为难的尴尬境地。以高校教务处为例，教务处是高校重要的业务职能部门，是推进教育教学改革、保障高校能够培养出高质量优秀人才的职能部门。安排上课信息、组织考试等多个环节均需要教务处的统一安排。但是在一些高校，教务处可能出现因为没有完整的学生信息、对班级具体实际情况掌握不清，就将相关事宜交由辅导员协调处理。发布诸如此类任务，大大增加了辅导员的工作量。而当多种任务同时发布甚至处于一种拮抗状态时，辅导员的时间、精力有限，无法保证每件任务都能高质量完成，直接导致了学生对辅导员工作的信任缺失，也使发布任务的职能部门对辅导员的工作态度和工作能力产生疑问，导致加重辅导员的职业倦怠。

（3）辅导员的工作经常处于"大"与"小"的奔波中

"小"用以形容辅导员的日常工作，辅导员的日常工作根据服务对象的不同可以大致分成三个类别：一是与相关职能部门工作的交互，多为学业指导性工作。如配合学生工作处、教务处及招生就业处等职能部门，以完成学生的日常管理及思想政治教育、学籍管理、就业服务等相关工作。二是对学生的日常生活进行管理，如校风校纪教育、宿舍管理等。三是学生的奖、助、勤、贷等工作，包括奖学金和助学金的评定、勤工助学职位的分配及指导、生源地贷款校源地贷款的办理等。"大"则依据辅导员在专业化发展中所需要涉及的具体类别。如党团建设、核心价值观培育、心理健康教育、职业生涯规划、就业咨询等工作。在具体工作中，"小"的日常工作量庞大，占据了辅导员大部分精力和时间，因而使辅导员在专业化"大"方向上容易出现力不从心的现象。这种"小"与"大"之间的频繁奔波，阻碍了辅导员专业化的发展。

（4）辅导员的工作经常处于"有"与"无"的徘徊中

辅导员的日常管理工作相对耗时，笔者的调研结果显示，辅导员在工作上投入的时间平均每天在 8 小时以内的占 19.9%，8~12 小时的占 65.97%，12 小时以上的占 14.1%。辅导员工作时间长、强度大，在八小时外还有很多需要临时处理的任务占用休息时间。繁重的工作消耗了辅导员的大部分精力，因而在工作中时常呈现出一种有形的忙碌状态，即有许多事情亟须完成。在这些日常工作中，有一部分是能预见的可控性工作，可以遵循学校的相关要求按计划布置，保证工作的完成效果。但是，还有一部分工作的完成属于未可预见的，具体成效的显现倾向于无形，具有长期性。例如，对学生进行的思想政治教育、培养科研热情、养成职业生涯规划意识等，很难马上产生效果，需要长时间的工作积累。正因为如此，辅导员在工作的过程中应该注重加强心理建设，调整心态，增强职业适应力。如果经常陷入没有工作成就感的情绪低潮中，那么就容易对辅导员工作产生厌倦，影响辅导员的专业化发展。

2. 辅导员自我职业生涯规划的困境

当前，高校的在职辅导员其年龄普遍集中于 28~38 岁，其出生的年代是 20 世纪的 70 年代末至 20 世纪 80 年代初。在这一代人上大学的年纪，职业生涯管理的概念才刚刚传入我国，还没有兴起，学校也未将职业生涯规划作为育人重点，因而他们在学生时代所掌握的职业生涯管理知识多是局限于在毕业前所接受的普遍性的就业指导。例如，最基本的是查找岗位信息，简单了解基本的求职面试流程等。他们中很少有人接受过职业定位咨询、职业倾向测试等专业化的就业指导。在这种情况下进行的职业生涯管理，容易忽略自己的职业倾向、职业性格和职业兴趣，更多的是简单听从长辈、老师的建议。能够真正找准适合自身的职业方向的是少数人，大多数人浅尝辄止地进行了经验式的职业生涯规划，容易在个人的发展道路上陷入误区。

3. 辅导员自我工作理念认识的困境

从辅导员的专业化发展轨迹来看，辅导员在教育活动中渗透和体现着自己的工作理念。在具体工作场景中，理念的体现是高度个人化的。他们由于所持的工作理念有差异，落实到具体的教育教学实践中就会根据自己的理解产生不同的行为，进而营造了具有自身个性特点的不同的职业面貌。在实际的教育活动中，辅导员通常将自己视为主体，将学生视为客体，履行对客体进行教育和管理的职能。如果用经济学中的品牌管理理念类比辅导员的日常工作，结合交互教学论的具体实践，就会发现辅导员与学生在教育活动中呈现的是双主体关系。教育与被教育、管理与被管理处在一种双向的交互之中，真正优秀品牌的营造来自双主体间持续有效的互动，而不是单方向的辅导员对学生的灌输。在辅导员职业化发展的道路前景上，坚持科学的理念进行发展，还是在具体工作中将职业化发展的教育性与成长性相融合，在帮助学生全面发展的同时实现自我价值完善自身人格，同样是值得辅导员深思的问题。由此可见，如果辅导员想要从知识层面摆脱职业困境，那么应该对这一职业有一个全方位的认识。

4. 辅导员自我能力素养提升的困境

从取得的阶段性成果来看，当前，高校辅导员素质提升工作的总体思路正确，取得了显著的成效。但不能忽略的是，在具体工作的实施中，也不同程度地存在一些问题。

（1）马克思主义理论水平不高，理想信念动摇，政治立场不坚定

较高的马克思主义理论水平是高校辅导员必备的素质。通过查阅相关文献和进行实地走访，笔者发现，现今高校辅导员普遍重视业务知识的学习和职业能力的提升，但是对政治理论学习的热情不足，重视程度不够的情况。

（2）宗旨意识下降

在社会主义现代化建设不断深入的今天，改革开放已经进入了深水区，党和国家所处的国际环境已经发生了变化，高等教育的历史人物和高校辅导员所肩负的历史使命，也应当体现出当今时代的新要求。社会经济成分的复杂性，社会成员对于物质需求的日益增长，经济发展呈现出的个体差异性，也不同程度地反映在高校辅导员这一群体上。个别辅导员在经济飞速发展的社会背景下迷失了自我，将个人利益建立在集体利益、国家利益之上。他们在工作中没有从学生发展的角度完成任务，而是狭隘地计较个人利益的得失。有小部分辅导员甚至出现了只会口头上空喊"为学生成长、成才服务"，但是遇到影响个人利益的问题，就忘记宗旨意识，只顾个人得失的问题。

（3）政治敏锐性和政治鉴别力不强

高校辅导员作为进行大学生思想政治教育的主要力量，在为培养社会主义合格建设者的伟大事业上肩负着重要责任。这需要辅导员具有坚定的政治信仰和良好的政治素质。政治敏锐性作为政治素质的重要体现，体现了辅导员是否能够快速、全面、细致地分析和处理政治问题。而优秀的政治鉴别力，要求辅导员具有扎实的政治理论功底，能够帮助辅导员在政治问题上清晰分辨是非，在处理问题时能够透过现象看到本质。当前的国际形势十分复杂，在各种文化思潮试图在高校暗流涌动的背景下，一部分辅导员的政治素养较差，缺乏足够的政治敏锐性和鉴别力，不能从政治角度审时度势观察问题和思考问题。

（4）能力和素质不高

高校辅导员工作能力的高低和职业素养优劣直接影响大学生思想政治教育实效性的强弱。调研显示，参加辅导员工作相关科研情况为，参加过国家级以上课题的占 9.95%，参加过省级以上课题的占 45.55%，参加过校级课题的占 56.02%，没参加任何课题研究的占 16.75%。调查高校辅导员自参加工作以来，以第一作者发表与辅导员工作相关的学术论文情况，0 篇占 23.04%，1~2 篇占 36.65%，3~4 篇占 24.61%，5 篇以上占 15.71%。事实证明，辅导员在科研上还是很积极努力的，但受困于专业，参加课题和发表论文的质量还不是很高，专业科研能力有待于加强。具备资格证书的情况：具备教师资格证书的占 76.44%，具备心理咨询师三级（二级）证书的占 35.6%，具备职业指导资格证书占 25.65%，具备其他相关资格证书的占 32.46%，暂时没有取得相关证书的占 13.09%。但是从想成为哪个领域的专家上：日常思想政治教育占 31.41%，班级建设和活动占 1.05%，学生事务工作（评优、奖惩、帮困等）占 7.33%，学业指导和学风建设占 8.38%，学生党团建设占 9.42%，心理疏导和职业生涯指导占 15.18%，校园的安全稳定工作与突发事件处置占 1.57%，网络新媒体工作占 5.76%，创新创业指导占 19.9%。由此可见，在专家化道路的设计和选择上，辅导员有比较明确的想法和规划，有目标指向，但是大多数辅导员尚不具备专业资质和专业知识。

调查显示，希望提高自身的能力：表达能力占 36.13%，教育引导能力占 49.21%，管理服务能力占 40.31%，组织协调能力占 31.41%，观察分析能力占 27.23%，交往能力占 20.42%，职业生涯规划与就业指导能力占 58.64%。由此可见，辅导员在能力提升上还有空间，并期待提升个人的职业能力。

5. 辅导员自我职业伦理的困境

近几年，对于辅导员职业倦怠的学术研究开始增多。调研显示，辅导员目前工作中的心理状态：积极上进、乐观自信、充满成就感的占 41.36%，偶尔烦躁、有一定心理压力的占 46.07%，经常感到压抑、压力很大的占 5.24%，身心劳累不堪、渴望转岗的占 7.33%。由此可见，尽管辅导员工作压力大，但是多数辅导员还是可以正确积极地面对工作的纷扰，但是这还是给辅导员的心理健康造成一定程度的困扰，有相当一部分辅导员不同程度地出现了职业倦怠的倾向。其具体表现为在心理、情绪、行为上的低落甚至衰竭，其主要原因是由于承担的工作压力过大，无法得到有效的排解。其具体表现形式有以下三个方面。

（1）心理方面表现为低成就感

职业倦怠在心理健康上也会造成强大的负面影响，出现职业倦怠的辅导员在情绪上容易出现易怒或易沮丧的状态，呈现出压抑的精神状态。严重者甚至会出现无助感增加，甚至出现自我认知障碍。这些症状长期困扰辅导员，容易促使辅导员对所从事的工作意义产生怀疑，将日常工作视作在日益重复的机械性琐碎事件，无法获得工作上的成就感，进而对工作出现敷衍的状态。如果遇到困难的任务想到是如何绕过而不是如何解决，那么久而久之就会造成工作能力急剧衰退的情况，严重者还会申请离职或调岗转岗。

（2）情绪方面表现为情绪衰竭

情绪上的变化是反映职业倦怠的最直观指标，也是定义是否有职业倦怠问题出现的核心维度。职业倦怠的辅导员在情绪上呈现一种衰竭的状态，在日常的工作中丧失工作热情，没有工作的活力与激情，容易自我封闭并陷入极度疲惫的状态。伴随着职业倦怠的加重，还会出现孤独感增加、情绪焦虑易怒等诸多情绪问题。同时，还会出现对生活的悲观情绪。情绪波动的后期会在日常工作中出现严重的焦虑和挫败感，导致无法承担自身工作。

（3）在行为方面表现为去个性化

去个性化是心理学的一个概念，主要是指在群体中的个人丧失了责任感和统一性。辅导员出现去个性化的行为，表现为将服务的对象统统视作无差别的事物，敷衍地完成日常工作。呈现去个性化的工作个体，会有渴望逃避工作环境的倾向，在行为上不愿意投入到日常工作中，以各种理由逃避工作。常见的表现形式有对工作产生严重的厌倦，逃避甚至拒绝与同事配合工作，人际关系淡漠，对周遭同事出现多疑猜忌的心理倾向，对工作环境时常感到不满，对上级部门的管理充满牢骚，仅关注个人待遇的好坏等。

第六章　高校辅导员自我发展的推进策略

一、构建辅导员自我发展的职业伦理

（一）辅导员自我发展的职业伦理构建

1.用"敬业"构建自我发展的职业伦理起点

敬业是对辅导员的内在规定。敬业是要辅导员认识自身的职业价值和这种职业对于人生的神圣性，从而发自内心地热爱自己所从事的职业，找到职业的尊严感与职业对个人的生命意义，从而全身心地投入其中，创造辅导员职业生活的价值。敬业是从事辅导员职业、做好辅导员工作的前提和基础。敬业就是尊重辅导员职业，对从事辅导员这一职业有发自内心的使命感和崇高感，把大学生思想政治教育、管理和服务看成自己的职责，从而激发自己对辅导员工作的职业认同感，在平凡的辅导员职业中实现生命的尊严。

（1）敬业是热情和热爱的交融

前教育部部长周济曾说过：没有爱就没有教育，没有爱就办不好教育。教育是一项需要激情的事业。只有热爱，才会有热情和激情。由热爱教育，到对教育产生热情，再到产生激情，是一个熟悉并逐渐深入教育的过程。当一个辅导员对工作确实产生了激情时，他会反应敏捷、充满活力。这种激情与活力使他以饱满的态度对待生活、对待工作和对待学生。

有这样一个故事，有一个新聘的老师来报到，系主任如此对他耳提面命："如果说学生考试得 A，你要对他好，因为他以后可能要成为卓越的科学家，会对社会做出贡献；假如学生考试得 B，你要对他好，因为他有可能留校当老师，会成为你的同事；假如学生考试得 C，你也要对他好，因为他以后可能成为富翁，能给学校捐很多钱；假如学生考试作弊被抓到，你更要对他好，因为他以后可能成为州长或者总统。"

故事天天发生，视角各有不同。但这个笑话却深刻地揭示了这样一个道理：作为一名辅导员，敬业最核心的体现就是对学生无与伦比的爱。辅导员要无一例外地对每一个学生关心、关爱，就是要对他们好。"没有不成器的学生，只有教育不得法的老师。"更何况辅导员面对的都是正在接受正规教育的大学生。"有缺点的孩子也是天使，我们的责任是要营造没有缺点的天堂。"

（2）敬业是一种境界和使命

法国画家莫奈曾画过这样一幅画，画面描绘的是女修道院的情景，记录了正在工作的天使：其中一位正在架水壶烧水，一位正提起水壶，还有一位穿着厨衣的天使正在伸手拿盘子——哪怕是生活中再平凡的事情，天使们都在全神贯注地去做。

时代变迁赋予了敬业新的内涵。对辅导员敬业的具体解释还源于辅导员对职业的理解和从中受到的启迪，源于辅导员平时点点滴滴的行动。辅导员敬业在心理上表现为高、低两个层次：低层次是"拿人钱财，替人工作"，也就是按部就班地完成基本的教育工作，以对学生、家长和社会有个基本的交代为满足；高层次就是把思想政治教育、日常管理和服务看作自己职业的使命，把辅导员职业行为当成人生的实践，当成生命存在的积极实践，当成通向个体意义人生坦途。辅导员敬业所表现出来的就是对思想政治教育工作忠于职守、认真负责、一丝不苟，并且有始有终。

我国宋朝的大教育家朱熹曾言："敬业者，专心致志以事其业也。"当代辅导员不仅是一种专业、一个人的职业和事业，而且还是一种境界和使命，是一个人生命的意义所在。"爱岗敬业，教书育人"是每一位辅导员的神圣使命和职责。富有使命感的辅导员立足本职工作，不断地为自己的使命作出承诺和努力。他们都有一个共同的理想：投身于教育事业，为了学校和学生做出自己的贡献。而完成使命、战胜挑战的经历，又让他们可以从工作中获得比别人更多的经验，并进一步完善自身的个性特长和能力，如组织能力、合作能力、沟通交流能力和学习创新能力等。

（3）敬业是辅导员的承诺

教育选择了我们，我们也选择了教育。一个人能够主观为自己、客观为他人地活着，是一种幸福，而辅导员是能够过上这种生活的人。在众多职业面前，我选择当辅导员，选择这个能够为自己创造一个洁净的心灵空间的职业是一种幸福。敬业爱岗，做好本职工作，积极参加教育管理和服务，求实、创新——这是我们对教育与社会许下的心灵诺言，是内心深处对教育事业的执着追求的承诺和期望。

选择辅导员职业，就意味着选择这个职业所带来的很多东西，包括琐碎的规范和约束，当然也有欣慰与尊严。如果没有辅导员职业带来的自我约束，这一职业也就不会有美丽的光环，因此这种自我约束不应当成为辅导员的"锁链"，而应当能够帮助并支持辅导员及其他人员去发现和再次认识辅导员的职业方向和意义。

选择意味着行动。好的辅导员正是那些能够恪守其理想并在行动中不断丰盈、创造辅导员职业生命价值的人。在实际行动中，辅导员应时刻保持对辅导员职业的认同感，从心底接纳它，敢于承担辅导员职业所赋予的义务和职责，像热爱生命一样热爱辅导员事业。

2. 用"悟业"构建自我发展的职业伦理根本

悟业是一种对职业基本要求、职业特殊性的认识深化。通过悟业，人们可加深对职业的理解和认识，逐渐领悟到职业本身的价值。涉及辅导员这一职业时，悟业是指不断领悟为师之道，自觉提升自身的教育感悟与工作艺术，提升自我教育素养，并能随着时代的需要、社会的发展与教育的进步，不断完善自我、调整自我和充实自我，以积极的姿态创造辅导员的人生价值。

（1）感悟职业的价值

可以用不同的方式去感悟辅导员工作的价值和意义，并从中体会辅导员职业的乐趣，挖掘出辅导员的自身价值。

辅导员工作是具有创造性的，思想政治教育中的很多工作都可以成为一种创造性的活动。辅导员的一次好的思想政治教育堪比编排一场精彩的话剧，并且可以获得同样的精神享受。

辅导员工作是充满艺术性的。每一位辅导员都应该把工作当作艺术创作。如果辅导员把自己的工作看成在创作音乐作品和艺术作品，培养出的学生就是自己的"作品"，那么辅导员的工作就会变得趣味盎然，辅导员就会发现自己成为一名真正的艺人：因为经过自己富有创造性的努力之后，那些学习品质欠缺、学习成绩差、行为不能自控的学生，也能以自己希望的样子出现在自己的面前。

辅导员的工作具有满足感。为了自我满足而从事教育是一种乐趣。有一位辅导员似乎心情特别愉快，因为他刚刚迎来了自己职业生涯的第 500 位新同学；有一位毕业班的辅导员也欣喜若狂，因为他刚送走了一批优秀的学生，他又为自己能迎来新的学生而兴高采烈地开始了新的工作。

辅导员应把工作作为自己学习和提高的途径。一位资深辅导员做工作时，他的风格与众不同，他会不时停下来记录一些东西，因为他时时将自己的思维与学生的思维融为一体。他善于启发学生思考，经常鼓励学生提出不同意见和新的想法，一旦发现有价值的东西，便及时将瞬间灵感的火花和启迪记载下来。如此一来，他会从单调的工作中、从学生那里收获不少东西，每天他甚至在每一项工作中都会有新发现和新收获。

（2）感悟职业的幸福

思想政治教育工作的复杂性使辅导员在职业活动中能获得丰富的情感体验，辅导员这一职业是一种幸福感很强的职业。对于追求幸福的辅导员来说，更重要的是挖掘辅导员职业的个人价值，在追求幸福的过程中捕捉辅导员内在的生命价值，让自己感觉到这是一个包含尊严与欢乐的职业，是一个真正能激发人的热情和灵感的职业。

辅导员职业能够带给人快乐。辅导员可以在与学生的交流中，张扬个性、肯定自我、展现才艺，充分展示出自己的个性与魅力，把生活与工作结合起来工作。当辅导员在工作中放弃了对物质生活的追求，把自己所做的工作与学生的成长和成才紧密联系在一起，与自我价值的实现联系在一起时，他就会获得精神上的自由，体会到职业带来的满足感和快乐。在不经意间，他就成了校园优美环境的欣赏者、学生良好举止的赞赏者、课堂生命力的激发者、神圣职业的吟诵者。

辅导员职业包含创造的幸福。当辅导员面对自己的学生，教授他们对生活的感悟和生命的尊重，表达自己的真情实感的时候，是一种非常幸福的职业体验。也只有从事这样的有尊严的职业，一个人才不会成为职业的奴隶，而是在自己的职业中进行创造性劳动，收获职业的幸福。

辅导员通过思想政治教育，将个人的世界观、人生观和价值观，潜移默化地传递给自己的学生，为学生提供精神的引导，促进学生的发展和成熟，改变学生对世界的看法和对人生的感悟，甚至改变学生的人生轨迹。从某种意义上讲，学生的生命就是辅导员的生命的延续，是辅导员人生价值的实现和对辅导员生命的肯定。

3. 用"乐业"构建自我发展的职业伦理归宿

乐业，即以业为乐。乐就是享受、快乐，能够享受职业生活，从中获得人生的快乐。乐业指向的并不是职业本身，而是辅导员自身的生命状态，是一种从辅导员职业中获得生命的充实、和谐与完满的生命状态。乐业的根本是一种生命境界的提升。如果说敬业是辅导员职业伦理的起点，悟业是辅导员职业伦理的根本的话，那么"乐业"就是辅导员职业伦理的归宿。

（1）乐业是一种积极的职业态度

人生的真谛在于追求幸福和完满。要从职业生活中主动追求那份属于自己的快乐和满足，做一名乐业的辅导员。乐业的核心是辅导员职业对于辅导员个人生命的安顿，即辅导员个人能从辅导员职业中找到人生的精神依据，妥善地安顿自己的心灵生活。乐业与敬业同样重要，只有真正从辅导员职业中找到人生的价值归宿与生命欢乐的人，才可能积极敬业。

乐业作为一种职业态度，指乐于从事教育职业，具体指辅导员乐于与学生分享知识、经验、智慧和情感，与学生共成长、同幸福，并由此派生出以下六种乐：乐于教学；乐于育人；乐于和学生交往；乐于和同事进行业务合作；乐于和学生家长、相关的社会人员交往；乐于学习、反思和研究。

辅导员的职业兴趣是辅导员在从事教师职业的活动中所表现出的特殊个性倾向，它使辅导员对职业具有向往的倾向，使他们乐于去从事这种职业，并在此基础上产生愉悦的情感体验。只有当辅导员把这份工作当成一种乐趣，并由此使自己的人生变得丰富的时候，才可能成为真正优秀的辅导员。

（2）乐业是辅导员职业伦理的理想境界

之所以说乐业是辅导员职业伦理的理想境界，是从道德的利人、利己两个角度来讲的。从利人的角度讲，辅导员职业伦理的理想境界指辅导员在职业的积极实践中，最大限度地促进学生的发展。乐业的辅导员能以一种积极的态度从事教育工作，能更深刻地认识和理解教育活动，把握教育活动过程和结果的意义。同样，学生学习的过程将不仅仅是发展的过程，同时也是享受、感悟生命，欣赏生活的过程。从利己的角度讲，乐业使辅导员的职业行为成为一种自觉和自愿的愉快行为，而不再仅仅是出于一种社会责任、良知和理性自觉。在这种愉快的教育行动中，辅导员将充分享受到自身生活的幸福与职业人生的完满。

一个人职业活动的最高境界即生命价值、生活价值与职业价值统一，职业幸福与人生幸福相吻合。在这种吻合中，"不仅遵守一定的职业伦理规范，而且对职业伦理具有深切的认同感，能将职业操守与自己的职业生涯中的生命体验有机结合起来，将职业伦理作为自己的生命追求去恪守、护持，并以此作为自

己的安身立命之本,在职业生涯中感悟道德和智慧,充分享受人生的幸福和快乐、追求道德智慧的完满与自足"。❶

（二）辅导员自我发展的职业伦理调适

1. 自我定位，提升职业发展自信

正确的自我定位，能够帮助意识和行动一体化，避免工作在低位徘徊，能够使人们自觉地在工作中寻找有突破性和创新性的工作方式和方法。由于辅导员工作内容复杂，工作角色多变，所以辅导员要完成从教育者、管理者、服务者、协调员等不同的角色转换。同时，高校辅导员具有"干部和教师"的双重角色，但是要落到实处，归根结底还要看自身对辅导员角色的正确认识和明确定位。

对高校辅导员职业的明确定位，对于辅导员职业的认同，不仅对所教育和管理的学生具有非常重要的影响，更关系到辅导员自身的发展。一名具有高水平职业认同感的辅导员，会在工作中表现出更高的积极性、更多的创新精神和更多的存在感与价值感。这对于提升辅导员的工作自信具有很大的作用。当然，对辅导员职业的认同不能停留在精神层面，要把对职业的认同变为教育实践，将更多的爱、关怀和帮助给予学生，从而体会到更大的职业满足。

2. 自我反思，挖掘职业发展潜能

自我反思是辅导员应该具备的一种职业能力。辅导员通过反思，可以对学

---

❶ 董正大，吴学军. 论教师职业幸福感的缺失与重建 [J]. 河西学院学报，2007(3).

习和工作中的成败得失进行分析，不断调整与提升工作能力。大多数辅导员都会经历职业高原期，处于高原期的辅导员要深刻反思自己面对的职业困境，通过反思发现自己在工作中存在的问题，努力寻求解决的办法和途径。辅导员可以通过坚持学习、勤于钻研，增强自己的职业发展能力，不断提升自身的综合素质，进而激发个人的潜能，找到自己擅长的研究方向和研究领域，挖掘职业发展机会，拓展职业发展前景。

反思在辅导员的职业实践中非常重要。反思能够帮助辅导员逐步完成对工作规律性的把握，通过对知识的反思实现理念的更新和能力的提高，最终达到增强辅导员工作效果的目的。反思不仅仅是对知识的反思，也应对辅导员、学生、辅导员职业活动都有一个反思。这种教育反思伴随辅导员工作而成长。当积累到一定程度时，它会不知不觉地应用于辅导员工作的各个层面，成为辅导员教育活动顺利开展的"润滑剂"。

3. 自我管理，增强职业发展韧性

辅导员工作要求辅导员具有较好的心理素质和较高的耐受力。辅导员要学会自我管理。

第一，要有完善的社会支持系统。社会支持是指一种特定的人际关系，意味着有可以信赖的人在尊重和保护自己。当一个人在面临困难和压力时，如果有来自领导、同事、家人、朋友的帮助与支持，那么就能够提高自我管理能力，提高抗压能力，促进身心健康。因此，完善的社会支持系统是辅导员强大的精神后盾，不但可以在其遭遇挫折或困扰时为其提供强大的精神支持，而且可以帮助辅导员更顺利地完成工作任务。

第二，加强情绪管理。"人的烦恼不是起于事件，而是起于人们对事件的

看法。"❶情绪管理就是要了解自己情绪情感发生和发展的特点、水平和规律，要学会一些积极方法加以调控，寻找适宜的宣泄方式，保持积极的情绪与平和的心境，将抑郁、烦躁、焦虑等负面情绪的影响降到最低点。要培养自己乐观豁达的人生态度，养成开明的思路、开朗的性格、开阔的胸襟和敢于解剖自己的气度。

第三，勇敢地面对工作中的压力和困难。面对同样的压力源，最终产生的是积极应对还是消极应对，取决于个体的个性和应对机制。抗压能力强的人，对于相同的刺激所感受到的心理压力较小；反之，抗压能力较弱的人，感到的心理压力就较大。辅导员的工作特点决定了这是一项压力很大的职业，因此，在决定选择辅导员这个职业开始，就应该对具体的工作内容有所了解，并做好相应的心理准备。一方面，要正确看待工作中的压力。压力往往来源于工作中能力的缺失和个性的不完美，因此应尽可能把压力转化为动力，不断提升抗压能力；另一方面，在面对工作、生活中的压力时，要客观冷静地分析压力的来源，有针对性地解决问题，主动应对。

第四，积极调整心态，畅通发泄渠道，学会适度减压。积极参加多种多样的社会活动，是积极缓解精神压力的一剂良药。比如，经常参加文体类的集体活动，通过文化休闲缓解工作压力；同时，保持与家人、朋友的良好沟通，努力得到家人、朋友的理解与支持；此外，还可以求助专业咨询人员，通过心理辅导及时排解负性情绪等。

4.自我教育，提升职业发展效能

自我教育是辅导员在面对挫折与困难时战胜消极情绪的法宝，它有助于辅

---

❶　埃克哈特·托利.当下的力量[M].曹植，译.北京：中信出版社，2016.

导员增强面对挫折和困难的信心，帮助其提升职业发展的效果。通过自我教育，辅导员要对自身的职业价值有清晰的认识，能够在理性与感性之间做出明智的选择。通过自我教育要充分认识到，在职业生涯发展过程中的客观条件和外部环境的不可控性，充分发挥主观能动性在自我职业发展中的决定性作用。通过自我教育，不断获得能力的提升、知识的增长，不断感知辅导员这一职业所带来的成就感和幸福感，是通过努力可以获得的。实践证明，通过自我教育，保持良好心态，构建和谐的工作环境，积极应对工作中的困难和压力，可以不断获得个人的成长与提升。自我教育可以激发辅导员对教育事业的热爱，认识到所从事的工作对于大学生成长成才的重要作用，并从日常的思想教育、服务管理和学生成长中体会到职业的价值。

二、优化辅导员能力素质的发展策略

（一）全面提高辅导员的核心素质

辅导员职业素质决定辅导员职业化水平，职业素质的高低直接影响大学生思想政治教育与学生管理的成效，影响高校人才培养目标的实现。作为大学生行为指导者和引路人，辅导员应该具备以下方面的核心素质。

1. 高度重视辅导员的思想政治素质

思想政治教育者是辅导员的主要工作职能，这在某种程度上赋予辅导员工作一种政治化属性。辅导员应当成为学生政治上的向导、思想上的益友。2005 年，教育部《关于加强高等学校辅导员、班主任队伍建设的意见》提到，辅导员"应帮助高校学生树立正确的世界观、人生观、价值观，确立在中国共产党领导下走中国特色社会主义道路，实现中华民族伟大复兴的共同理想和坚定信念，积极引导学生不断追求更高的目标，树立共产主义的远大理想，确立马克思主义的坚定信念"。辅导员思想政治素质的高低对辅导员工作的成败起至关重要的作用，优良的政治素质是辅导员能力素质的核心，对其他职业素质的形成起导向和激励作用。

辅导员的思想政治素质具体包括以下两个方面：一是政治理论水平。辅导员应当具有较高的政策理论水平和深厚的马克思主义理论功底，不断加强政治理论知识的学习，深入了解党的各项方针政策，与时俱进，分析国内重大事件与局势。二是思想觉悟程度。理论要对实际发挥作用关键在于运用，理论运用的关键在于思想觉悟。辅导员在认真学习政治基本理论的基础上，要积极思考并有所觉悟，只有将理论应用于实践中，才能真正提升自己的政治素质。

2. 全面提高辅导员的科学人文素质

科学人文素质是辅导员综合素质的体现。辅导员面对的是求知欲强，知识水平较高的大学生，要指导学生的各项工作和活动，就必须具备深厚广博的知识和丰富的文化底蕴。从一定意义上讲，辅导员的科学人文素质与思想政治教育工作水平紧密相连。要想成为一名工作水平较高的辅导员：首先，必须系统地学习思想政治教育专业的基础理论与基本方法；其次，掌握管理学、心理学、教育学等教育教学规律和相关专业知识；再次，围绕所带学生所学专业的相关专业知识，努力熟悉了解学生专业的特点、难点和专业发展走向；最后，学习一定的历史文化知识和法律常识，培养自己的文化艺术修养。只有做到这些，辅导员才能拉近与学生之间的距离，给予学生正确、积极的引导。

3. 不断磨炼辅导员的身心健康素质

辅导员工作复杂而又烦琐，工作周期较长且不确定，工作中还会出现一些突发事件和危机，这些都要求辅导员必须具备良好的身心健康素质。按照国家相关文件规定，高校辅导员应按 1∶200 配备，但现实情况是大多数的辅导员所带学生数都超过这个比例。可见，辅导员的任务繁重。辅导员的工作时间通常会在 12 个小时，不但在工作期间要完成行政管理的工作，还要在学生的课余时间开展学生思想政治教育工作，辅导员的工作周期较长。据此，出于工作的需要，辅导员应该具备健康的体魄、良好的身体素质。良好的外在形象和文体特长，也是个体素质的一种体现，这有助于学生工作的深入和顺利开展。与此同时，辅导员应该加强心理素质的锻炼，由于辅导员工作任务繁重，工作压力大，工作中时而出现的突发事件和危机无形中给辅导员增加了心理压力和责任。此外，近年来，受经济发展和各种思潮的影响，学生中存在的问题呈现出多样化和严重化的趋势，大大增加了学生教育与管理工作的难度。这些都要求辅导员要有良好的心理素质，良好的心理调适力，善于化解工作压力和心理压力，并将压力变为动力，不断磨炼自己的意志，提升各方面素质。

4. 严格恪守辅导员的职业道德素质

高尚的职业道德素质是高校辅导员必须具备的基本素质，是顺利开展思想政治教育的必要条件。职业道德素质的高低是辅导员成熟与否的重要标志，它是辅导员的灵魂,对辅导员工作职能的发挥起着至关重要的作用。身教胜于言传,假如没有高尚的道德,就很难做好学生的思想政治教育工作,辅导员其他工作能力都没有了根基。因此,在工作和生活中,辅导员要严格要求自己,恪守职业道德。首先,要有严于律己的形象、率先垂范的品格和无私奉献的精神;其次,作为一名辅导员,高校辅导员必须具备强烈的事业心和责任感;最后,辅导员应该有爱心,以学生为本、严于律己、宽以待人。复旦大学辅导员中流行着这样一句话:"你的所作所为会影响一百多个孩子。"每个辅导员都应该明白自己所从事工作的重要意义,要恪守职业道德,用责任、奉献和爱心,引领学生健康成长。

(二)大力提升辅导员的业务能力

辅导员所具备的业务能力是其开展学生工作不可或缺的基本条件和重要保证,包括辅导员对工作理论、工作规律和工作方法等的掌握和熟练程度,以及辅导员自身素养、思维方式、实践经验和其他有关知识和技能在工作活动中的综合表现。

1. 思想政治教育能力是根本

2004 年《意见》提到:"辅导员是开展大学生思想政治教育的骨干力量,是大学生健康成长的指导者和引路人。"辅导员的思想政治教育工作的高度与水平,决定了他们能否顺利胜任"指导者"和"引路人"的工作角色。

首先,辅导员应具备较高的政治理论素养和政治敏锐性,引导学生正确认识当前的形势与政策。可以通过形势政策课、团课与党课的教学实践,使之成为"两课"❶的有效延伸，有效地引导学生吸收正能量，唱响主旋律。

其次，辅导员要密切关注时事政治和社会热点，保持高度的政治鉴别力。针对学生关心和关注的国际焦点、社会热点问题，及时做出反应。辅导员还应掌握思想政治教育工作的主动权，立场坚定，旗帜鲜明，及时发现和消除影响校园稳定和学生安全的不安定因素，消除隐患。

再次，辅导员要有一套行之有效的工作方法，以增强思想政治教育的实效性。可以通过主题教育活动，将日常教育与主题教育相结合，将理论引导与实践锻炼相结合，使大学生思想政治教育工作落到实处。

2. 组织管理能力是保证

辅导员的教育、管理和服务的职能大多是通过各种载体加以实现的，如思想教育、科技创新、文体竞赛、社会实践等，需要辅导员结合学校、学院、学生的实际情况组织策划学生接受度高、效果明显的学生活动，帮助辅导员履行工作职能。因此，这对辅导员个人的组织管理能力提出了很高的要求。这是开展好大学生思想政治教育工作的重要保证。

3. 沟通协调能力是手段

辅导员要有较强的沟通能力，较好的沟通能力有助于解决复杂问题，处理复杂局面。从高校辅导员现有的工作情况来看，平均每个辅导员要带 200 名学生，有的辅导员可能还会带更多一些学生。面对成长环境、思想状况、学习成绩、性格爱好等都不一样的学生，辅导员的工作想要面面俱到是不现实的。因此，辅导员要想胜任自己的工作，就必须具备良好的沟通与协调能力。

---

❶ "两课"指我国现阶段在普通高校开的《马克思主义理论课》《思想政治教育课》。

沟通是辅导员开展工作的有效手段，通过沟通有计划地组织学生、激励学生和引导学生。辅导员只有掌握沟通技巧，在沟通中爆出清晰的沟通思路，有计划、有目标地进行沟通，才能实现沟通的目的。要在沟通中观察和感受学生的心理变化，适时改变语言方式，换位思考，寻求最佳解决问题的方法。此外，辅导员要能够协调处理好与领导及同事的关系，协调好与各职能部门的关系，协调好学生骨干与普通同学的关系，协调好工作和家庭的关系，只有这样，才能游刃有余地开展工作。

4. 提高创新能力是需求

高校辅导员的工作内容随着工作对象和社会实际而变化，需要不断地调整和提高。辅导员只有保持一种积极学习的工作状态，才能应对和解决工作中的各种问题。这种学习包括理论知识的学习，不断提高自身的政治素养和党性修养，能够在面对复杂问题的时候用科学的方法处理问题和解读热点。辅导员在向书本学习的同时，还要在实践中学，向同行学习。辅导员只有在实践中不断摸索和积累工作经验，掌握工作规律，才能够游刃有余地开展大学生思想政治教育工作。此外，辅导员还要向学生学习。学生处在时代的前沿，掌握着最新的信息和技术。辅导员在掌握传统思想政治教育方法的同时，要顺应潮流，大胆创新，勇于实践，用学生喜闻乐见的载体开展教育工作，特别是利用现代新媒体等科技手段，努力贴近学生、贴近生活、贴近实际，不断增强自身素质，提高解决实际问题的能力，提高工作的针对性和实效性，增强工作的吸引力和感染力。

三、加强辅导员自我发展的职业生涯管理

（一）树立辅导员职业生涯规划的正确观念

1. 转变观念，建立职业生涯发展的意识

职业生涯管理意识是指组织或个人对职业生涯管理在组织和个人成长的重要性的认识，要在充分了解自己和周围环境的基础上，确立职业目标，制定职业发展策略，职业生涯按照既定的目标和策略坚决执行。

从目前来看，辅导员工作常常陷入日常管理事务工作中。辅导员无暇思考自身职业能力的提升和专业素质的培养，对于自己未来的发展走向也比较迷茫。因此，辅导员需要强化对于个人职业生涯的规划意识。辅导员职业生涯规划自我发展要做的第一件事就是改变观念。辅导员本身必须建立职业发展的主体意识。辅导员的主体意识的觉醒是实现自我发展的动力，是最重要的条件。通过促进主体的改造，有利于辅导员加强专业活动，实际经验的专业发展，提升自身应具备的素质和能力。

职业生涯的自我管理与个人辅导员的发展有密切的联系，辅导员要不断加强自己的生涯管理。辅导员应学会正确认识自己的长处和短处，对自己进行客观评价，合理设计自己的职业发展规划，并按照设计规划自己的职业定位和发展，从而实现人的全面发展。

2. 正确评价，确立职业生涯成功的标准

职业选择、职业实践和职业发展，最终目的是为了事业的成功。事业上的

成功不仅体现在公众在特定的时间判断成功的价值标准，它也是每一个职业生涯发展的追求目标，发挥激励作用和方向。因此，加强辅导员职业生涯管理，不仅建立了职业发展的认识，而且同时也要引导辅导员对职业发展目标确立正确的认识，必须不断调整职业生涯成功的标准判断，助推辅导员科学发展。

事业上的成功通常被定义为一个人在工作中积累起来的积极的心理和成果或成就。成功通常被分为主观成功和客观成功两类。评价主观成功和客观成功的标准是不一致的：主观的成功更多的是个人的理解，注重内在的职业生涯经验的过程；客观的成功主要是社会各界的理解，专注于外部的职业指标的结果。

职业成功是一个评价性的概念，无论从主观角度还是从客观角度，都需要职业者本身认同，是评价者职业价值观的具体体现。辅导员的职业发展是否成功，能否以职称的评定或行政级别的评定等政治、经济待遇为依据？答案是否定的。因为随着人们对成功标准认识的逐步加深，职业成功的标准已经改变，从注重结果到注重过程，从价值的外部评价到个人体验，而不仅仅是经济待遇和政治待遇。对不同层次、不同地区和不同专业背景的学生，辅导员都能顺利开展学生工作，这也可以成为辅导员职业成功的标准之一。

无论是在教师层面，还是在学生层面，辅导员在学生离校后仍然具有很高的社会声誉，从而可以提高其社会地位和辅导员的生活满意度，这也应该成为辅导员职业生涯成功的一个标准。这一评价标准能够刺激辅导员自身发展的持续动力，逐步扭转关于辅导员"万金油""临时职位""每个人都可以做"等社会认知的偏差。

（二）加强辅导员自我的职业生涯的管理

辅导员的职业生涯发展需要组织的热情关怀，需要整个社会的积极关注，但是核心在于辅导员自身的高度重视。高校辅导员要坚持分阶段的规划和管理自己的职业生涯，加强对自己教育和管理活动的反思和学习，以自我教育为动力，将职业规划、自我发展和事业的需要结合起来，促进个人职业生涯的健康发展。

对于职业生涯规划的"阶段论"，许多学者提出了不同的分类方法。有"三阶段论""四阶段论"和"五阶段论"。美国一位心理学博士格林豪斯将辅导员生涯划分为四个阶段，这四个阶段分别是职业确立阶段、职业发展阶段、职业稳定阶段、缓慢衰退阶段。我国学者赵睿则把辅导员分为早期、发展期、成熟期三个阶段。唐家良教授则把辅导员的职业生涯划分为适应期、成长期、成熟期、高原期、超越期这五个阶段。笔者综合各"阶段论"，以及我国高校辅导员职业发展的实际情况和本课题的实际研究价值，把辅导员分为形成期、发展期、成熟期三个阶段。在辅导员不同的职业发展期，职业规划是不同的。因此，辅导员要根据自己的入职时长来制定适合自己的发展规划。

1. 以自我认知和目标设定为核心，加强形成期的职业生涯管理

这一时期是优秀辅导员专业成长过程中打基础的阶段，通常处于入职后的0~5 年，这是高校辅导员专业成长过程中必经的一个阶段。

（1）自我认知是职业探索的起点和基础

自我认知与职业探索可以从以下四个问题入手：我想做什么（主要包括职业兴趣、职业价值观、职业性格、气质、天赋才干等）；我需要做什么（主要包

括对职业定位的理解、对职业工作内容的认识、对处理人际关系的要求掌握、对统筹事业与家庭的思考等，考虑社会、工作、家庭对职业角色的要求）；我擅长做什么（主要包括职业能力倾向，如语言表达、逻辑推理、组织管理等，包括自己掌握的专业知识、技能、工作经验、智商、情商等）；我如何做（主要包括事业与家庭的协调、事业心与幸福感的双重管理、学生需要与教育管理意图的结合、工作经验与实际行动的相互促进、现状工作与未来职业生涯发展的链接、能力的培养与应用等具体实际操作的内容等）。

第一，"我想做什么？"其实是明确个人的职业价值观的问题。价值观与个人需求存在关联，但是比个人需求更为本质，对自我的影响更深远。一个人的价值观主要受制于其所处的社会背景，特别是家庭传统与教育的影响，同时也受制于个性、能力、情绪等心理因素。价值观涉及一个人行动的信仰和情感，表达了一个人真正想要的、在制定职业生涯规划中起近乎决定性的作用。很多人对价值观的认知可能模糊，而实际上在选择职业、工作过程中控制决策过程的，就是职业价值观。每个人对自己价值的认知有一个过程，当对自己的价值观认知得很清楚时，择业时遇到的问题就会小一点儿。关注职业价值观，是因为能够由此得知哪些是对辅导员来说是最重要的职业因素。

"我想做什么"实际上是个人的动机，也是个体成长发展的内在力量。根据马斯洛的研究，这一动机是分层次的，包含生理需求、安全需求、社交需求、尊重需求与自我实现的需求。其中，自我实现的需求不仅代表了人的创造性愿望，更是对终身职业的一种自发的追求，因而也是辅导员自我认知所需要着重关心与分析的。辅导员从业者首先是一个活生生的人，他／她的理想应该在一开始就得到尊重，而不能单纯将其看成辅导员角色的长期扮演者。尊重辅导员本身而不是过分强调职业要求，不仅是人权的基本要求，而且也是尊重辅导员职业以及从业人员的基本要求。这里的困难在于辅导员从业者是否能够发现自身的真正的理想。大部分人对自己的目标或者理想是相对迷失的或者是不明确的，这实际上对创造性发挥来说是一种非常大的浪费。通过深入辅导员自我认知的，明确自身的真正理想所在是辅导员自我认知的重要目标。

第二，"我需要做什么？"实际上是指职业定位。自我认知的第二个提问方式是针对外在环境对个体的需求进行思考，并直接影响辅导员职业生涯发展中的职业角色定位。人不是生活在真空当中，总要扮演一定的角色，承担特定的责任和义务。对这些外在要求的认同与内化，是自我认知的重要内容。在某种程度上，自我认知就是个人学习社会要求的过程，是社会化以及再社会化的过程。针对辅导员职业角色的要求，将职业特点内化为辅导员从业者的自我要求，是一个无法回避的重要过程。辅导员主动对此问题的思考与探索，将非常有助于对辅导员职业的规划，并尽早适应和调整辅导员工作。

尽管辅导员职业角色具有一定的普遍性，但在具体的工作内容上由于学校、院系、专业、学生特点等方面的不同，对辅导员的具体要求也有很大的差别，进而辅导员由于个体差异性，对"我需要做什么"的自我回答同样也有较大的认知差别。是否能够准确理解辅导员的职业特点并将其内化为对自身目标的设定，是自我认知的重要工作内容。

第三，"我能做什么？"是探讨优势职业能力的问题。自我认知的第三个提问方式是针对自身能力及所具备资源的组合可能性进行思考。这一自我认知的探索方向寻求对自身的行动可能性的理解，同时也是支持现实行动的自我认知的内容。这一自我认知需要分析自己的能力范围，探讨各种现实资源是否能够支持自身去达到的各种目标（尽管这些目标未必全然是主体所要）。这实际上是在目标不确定的情况下，对自己的实践能力、影响能力和工作能力的思考。

辅导员对"我能做什么"的思考，往往体现为在新开展工作时对各种工作可能性的分析。而对"我能做什么"的回答，往往与辅导员工作经历和对辅导员工作的各种辅助条件等因素的理解有关。拓展辅导员对这一问题的回答，往往有助于开拓新的业务空间。由于"我能做什么"的自我认知提问往往关注的是可能性，但对于这些可能性是否有必要实现及能否最终实现等问题依然是悬而未决的，因而"我能做什么"尽管有助于开拓自我认知的工作领域，但却离真正的指导行动有一定距离。

第四，"我如何做？"是指的采取什么样的行动策略。自我认知的第四个提问方式是在面对现实的时候结合以上三个问题的理解，重点回答具体情境下"我如何做"的问题。"我如何做"是生活与工作中随时随地都可能面临的问题，这个问题直指未来自我的行为规划并将直接影响未来自己的身心、生活与职业状态，因而是自我认知与世界衔接的关键的环节。

辅导员在回答"我如何做"时，往往需要面对一系列具体的事务，如学生会议的组织、领导精神的传达、工作报表的编填、突发事件的应对等。如果仅仅限制于对操作性问题的理解，那么这一问题只会陷入琐碎与繁忙之中，并使辅导员精力耗尽。利用对其他问题的深思来反思"我如何做"，能够实现自身理想、现实要求与行动可能之间的和谐与升华，是辅导员自我认知的极为重要的内容。这是关系到辅导员能否顺利达成自身职业生涯发展的目标的问题。

自我认知是辅导员职业生涯发展的起步与基础。辅导员自我认知是指从事辅导员职业的个体对自我的认识，以及对辅导员这个职业与自身关系的认识，包括辅导员的职业价值观、职业角色定位、优势职业能力的认知、对具体行动策略的思考与谋划等。辅导员职业生涯中的自我认知实际上是一个长期的、动态的、阶段性的心理调适过程。辅导员的自我认知关乎辅导员工作开展的成效，对思想政治教育、就业指导、事务管理、心理咨询、党团建设、校园文化建设等工作能否顺利开展，起到关键的指导作用。辅导员的自我认知更是自身职业发展和人生发展的推进器和助燃器，在职业生涯发展中居于核心地位。

（2）设定目标是职业发展的力量和源泉

职业发展目标一般是根据其专业能力的优势和劣势的个人职业分析，结合社会和职业机遇和挑战的需求，来确定自己的职业锚。实践与发展趋势表明，辅导员工作是一项伟大的事业，职业发展目标是否明确，是否合理和可行是辅导员走上成功之路的关键。因此，每一个辅导员必须基于主观和客观条件及各种因素制约，做一个明确的、合理的职业生涯目标设定。

关于人生职业目标的实质意义，美国人彼得·德鲁克（Peter F.）有过明确阐释，他认为：目标不是命定，而是方向；不是命令，而是承诺。目标并不决定未来，而是为了创造未来而动员资源和力量的手段。

首先，职业生涯发展目标要切合辅导员的职业定位、职业性质和职业特点。辅导员、班主任是高等学校教师队伍的重要组成部分，是高等学校从事德育工作、开展大学生思想政治教育的骨干力量，是大学生健康成长的指导者和引路人。这是辅导员职业化中对他们性质和任务的明确规定。高校辅导员工作队伍除了是思想政治教育工作骨干以外，还是高校教师队伍的重要组成部分。在工作职责上，辅导员是大学生日常思想政治教育和管理的组织者、指导者和工作者，这使辅导员在工作中日益形成大局意识和大局观念，具有较强的组织和领导能力。日常系统性的思想教育和心理辅导工作，又使辅导员在思想政治教育、社会学和相关专业领域打下了较好的理论功底和基础，具有较强的思想政治宣教能力。在职业特点上，辅导员具有政治性、教育性和服务性，工作要求具有直接性、复杂性和烦琐性，这使他们锻炼成政治素质高、责任意识强、方法手段灵活多样的组织者和领导者。从职业过程来看，辅导员岗位是培养人、锻炼人的地方，经过工作的锻炼，辅导员不仅可以实现思想感情的升华，而且还可以提高各方面的工作能力。

只有认识了辅导员工作的性质、职责和价值，才能真正理解这个职业；只有真正了解了这个职业，才会知道必须拥有什么、掌握什么，才能胜任这个工作；只有不断提高自身的政治素质、业务能力、师德修养，才能做好这个工作；只有不断提高学习创新，才能更好地适应形势发展的需要，成为一名优秀的思想政治教育工作者。因此，在认识辅导员职业的角色定位和职业性质的基础上，确定自己的生涯发展目标，是客观的，也是明智的，这样才会更有利于职业生涯目标的行动和实现。

第二，职业生涯发展目标应该是具体的、清晰的和明确的。顺势确定自己职业生涯发展目标，进而还需要将自己的目标定得具体、清晰和明确。职业生涯发展目标具有两重性，一方面，职业生涯发展目标是一种主观的、抽象的意识憧憬和设想；另一方面，职业生涯发展目标又是一种现实的具体的工作状态的描述。如"我想成为辅导员队伍中的专家"，这是想象自己职业生涯发展目标的一种职业形象和身份体验。而要成为辅导员队伍的专家，需要具体设想自身在什么层次的高校、获得什么样的专家职位，是教学系列的教授还是研究系列的研究员等。而在实际中，要确定职业生涯发展目标就必须将二者结合起来，正如马克思所说：从具体到抽象、再从抽象回复到具体。这是我们确定自己职业生涯发展目标很好的方法论。因此，辅导员具体和清晰地确定职业生涯发展目标，就是明确自己想成为一个什么样的人，在行政管理职务上什么时候达到哪一级别，担任什么社会角色，在专业技术职务上何时成为哪一领域、哪一级的专家，以及在设定自己长远发展目标后，如何规划中期目标、短期目标等。厘清这些问题后，我们就会明白自己在辅导员岗位上适合干什么、想怎么干，在职业生涯发展上达到怎样的成功。

第三，职业生涯发展目标与生活目标相结合。人生除了事业目标外，还有生活目标，包括财富、婚姻、健康等。这些问题都直接影响人生事业的发展和生活质量。因此，在制定职业生涯发展目标时，应考虑财富、婚姻、健康这些必备因素。人在设定职业发展目标时，应该适当考虑个人的收入问题，一定的物质基础是必要的。假如没有物质基础，那么事业也难以得到发展。可以根据实际能力和现实需求，把渴望得到的金钱数量用数字表达出来。人的大脑潜意识，会按照这个具体、明确的物质目标去行事。婚姻是人生中的一件大事，是一个人事业发展的坚强的堡垒。婚姻幸福，有助于事业的发展；婚姻不幸，影响事业发展。健康是事业得以实现的保障，如果没有好的身体，就不能成就一番大事。但是当人年轻的时候，往往对健康不太注意，因为年轻人富有精力和朝气，他们认为健康不必费神；而当人到年老力衰之时，则哀叹："早知今日，当初该加强身体锻炼！"而到这一地步的时候，付出的代价也就太大了。

第四，职业生涯发展目标需要将"人、时、空"三个维度综合考量。首先，职业生涯发展目标需要宽度思考。辅导员职业生涯发展有一定的宽度，是指辅导员职业生涯发展方向是多维的，有多个发展方向。从实践看来，职业发展目标可高可低，选择的专业面可宽可窄。一般说来，专业面越窄，精力就越容易集中，所耗时间、力量就较少，达到成功的机会就越多。例如，某一位辅导员想成为思想政治教育专家，此目标定得太宽了。因为思想政治教育专家包括多个领域、多个方向。一个人想要成为各方面的专家，精力有限，不现实。如果想成为一名思想政治理论课教学名师或学生事务管理专家，或就业指导专家，经过努力，是有可能实现的。在辅导员职业化、专业化的发展趋势中，追求成为某一领域、某一方面的专家，是辅导员切实可行的努力方向。

首先，一定时期职业生涯发展目标不宜过多。比如，一个辅导员在就职之初想做好工作、晋级加薪，想提高学历、职称，想拓展人际关系、加强人际交往，更想安家乐业、生儿育女等。可以说，这种种想法或目标都是合理和实际的。但是，生活和实践的经验告诉我们，这些目标必须是一个分期、逐步实现和较长期的发展过程。俗话说："一只手抓不起两条鱼。"就事业发展目标而论，一个人在一定时期确实不宜将目标定得太多。同时设下几个目标，就可能一个目标也实现不了。当然，这不是说不能设立多个目标，而是可以把它们分开设置。具体说，就是一个时期设立一个目标，实现一个目标后，再实现另一个目标。

其次，需要深度思考职业生涯发展目标。深度是指辅导员职业在每个方向上能走多远。人生职业生涯发展的阶段是一个持续性过程，各个阶段之间并没有一个明显的分界。各阶段所经历的时间长短常因人而异。例如，有些辅导员的职业生涯发展得比较顺利，不但探索阶段短，而且从选定辅导员这一职业直到在政工岗位上退休，都没有出现转换职业的经历；有的辅导员职业生涯发展过程不顺利，总是徘徊在选择和试探阶段，虽然自始至终一直在不停尝试不同方向的发展，但到头来仍然是一事无成。高校辅导员无论是按职业化发展，还是转向专业技术、行政管理的发展都走向一个更远的目标，具有职业发展的一般规律。但是由于影响每个人职业发展的具体因素、具体特点和际遇不同，这也决定了辅导员不同的职业发展的纵深和长度。因此，我们既要掌握辅导员职业发展的一般规律，也要把握好自身职业生涯发展各个年龄阶段的特点，只有将一般规律和特殊规律很好地结合起来，才能获得职业生涯发展目标的长远成功。

思考职业发展目标时长短要相结合。职业发展的目标应该按长短相结合来设定。长期目标是明确的人生方向，鼓舞人心，防止盲目的短期行为。短期目标是实现长期目标的基础，没有短期的目标，就没有长期的目标。尤其是在职业发展过程中，实现短期目标，可以体验到成就感和满足感，激发自己向更大的成功和更高的目标迈进。但是，只有短期目标，并没有远大的理想，也将影响到士气和志气，也将导致徘徊不前，不断从发展方向偏离。

最后，辅导员职业生涯发展目标一旦确定，就不必在意别人的闲言碎语，被他人意志所左右。因为计划好人生，设计好发展，是义务、是责任、是权利。辅导员既然拥有了在高校工作的机会，在此期间做好职业生涯规划，正是夯实自身事业基础的最佳时机。

2. 以总结反思和调整适应为方法，加强发展期的职业生涯管理

这一阶段是辅导员个人工作深度突破、上水平的重要时期，一般处于辅导员工作的5~9年，是辅导员在专业成长上的实践反思阶段。在这一阶段，辅导员摆脱了经验模仿，进入主动、积极的工作状态，能根据自身特点，确立自身专业发展方向，并开展反思性实践行动。处于这一阶段的辅导员，其自我发展可能会遇到一些困境，可能会在探索和实践中受到挫折，甚至产生职业倦怠，应发挥自身主观能动性，克服困难，向更高层次的目标前进，实现自我超越，推动自我发展。

（1）总结和反思，优化发展思路

辅导员以理念引领反思，增强问题意识。应深刻认识到反思在辅导员工作

中的重要性，在工作中学会反思，并将反思作为一种习惯长期坚持下去，在工作中不断增强问题意识。辅导员应发现问题后，积极寻找解决问题的办法，总结出工作规律性的认识，进而找到最优解决方案。在此基础上，要及时将新理念转化为思想政治教育工作中的实践，并进一步完善相关理论认识，再次投入实践中去，形成"实践—反思—实践"的良性工作循环。通过总结反思、优化发展思路，辅导员的个人理论及实践能力在这一过程中可逐步提高，并形成自身独特、有效的工作方法，形成工作的新思路。

辅导员应以典型推动反思，促进问题解决。辅导员日常工作中的典型问题最具反思价值，各类典型问题的解决方法对于解决实践中同类问题具有重要借鉴意义，也是促使辅导员不断提高解决问题能力的重要方法。辅导员应善于捕捉思想政治教育工作中的各类典型问题，有针对性地进行反思，掌握行之有效的思维方式，特别是在解决过程中提炼出科学的思想方法，促进实践问题的解决。这一过程有助于辅导员调整思路，克服思维障碍，思维优化，最终实现在实践、研究中发展完善自身解决问题的能力。

这一时期的辅导员已经具备了较好的专业能力和工作经验，应该在此基础上进行不断的实践反思，并创造性地开展工作。虽然这种创造可能是片断的、零碎的、未能形成体系的，但是这种探索和创造是必要的，是自我工作风格形成的基础。

（2）调整和适应，克服职业倦怠

高校辅导员的职业倦怠是指在高等教育大众化背景下，由于职业化专业化程度不高、超负荷工作、职业价值与社会地位未能得到有效认同，辅导员产生的一系列消极的情感、意识和行为方式，以及由此出现的情绪、态度和行为上的一种衰竭状态。现实中，轻微职业倦怠可以表现为对工作缺乏耐心、热情、对工作投入不足、对学生缺乏关爱等。中等职业倦怠可表现为自我评价低，讨厌和排斥工作、丧失工作热情、对前途悲观失望。严重的职业倦怠可表现为不愿意与同行同事交往合作、对工作效果和个人能力缺乏自信、对外部发展环境和管理机制不满意、对待学生的工作方式简单粗暴，个别人甚至严重的有抑郁情绪和自残的倾向。

这一时期，辅导员经过几年的工作历练之后，对学生工作的各项事务都已经熟悉，没有了一开始的新鲜感，工作热情也随之降低，对学生工作驾轻就熟，感到工作缺乏挑战性，开始表现出对工作的厌倦，对个人价值评价降低。而此时，辅导员开始谋求自我发展，开始围绕发展目标不断追求和探索，但是发现个人在能力与素质上、在时间和精力上遇到了发展中的困境，个人职业生涯的发展遭遇到"瓶颈期"，成为职业倦怠感最高的时期。此时，辅导员应该不断调整与调适，克服发展期的职业倦怠。

首先，辅导员要保持坚定的职业信念。辅导员也是教师，更是大学生成长成才的人生导师，因此，辅导员应具有教师的情怀和担当，要摒弃急功近利思想的影响，脚踏实地地做好学生工作。思想教育效果具有滞后性和隐形的特点，不会有立竿见影的教育效果。因此，辅导员要学会等待，要树立"十年树木，百年树人"的思想，把目光放长远，在立德树人中慢慢体会工作价值和个人价值，真正成为大学生成长成才的领路人。

其次，辅导员要有充分的职业自信。自信是一种强大的精神力量，自信是一种隐性的资本，它具有强大的力量。自信带来的能量比金钱和权力更大，是辅导员自我发展的强大支撑。只要有自信，即使遇到复杂的情况和困难的境遇，也都会将其化解，完成好工作。

3. 以学习提升和完成目标为动力，加强成熟期的职业生涯管理

这一时期，通常为工作的9~16年，优秀辅导员的基本特质已经形成并趋于稳定，已形成明确清晰的发展目标、开阔的视野、丰富老道的实践经验、细腻宽厚的情感魅力和勇于开拓的创新精神。

（1）坚持学习，提升学历

对于这个阶段的辅导员来说，随着工作。学习和思考的深入，他们开始有意识地探究学生工作的热点、难点问题。对思想政治教育与日常管理中的重点问题，会激发他们具有较强的征服欲望和探索精神，他们会积极地研究工作规律，总结工作经验。

处于成熟期的辅导员需要将工作实践思维转换为理论研究思维，这是一般辅导员与专家型辅导员的根本区别所在。能否实现这个质的飞跃，需要辅导员自身的不断发展和努力。辅导员应该不断提高专项技能学习专业知识，增强解决困难和问题的本领，继续攻读学生思想政治教育方面的硕士或博士学位，加深专业素养。

（2）抓住机遇，完成目标

这个时期是高校优秀辅导员自我专业成长的最佳时期，应该抓住机遇完成自己设定的职业目标。他们在教育教学上形成了创造性、个性化的教育风格，使育人成为一门艺术。这一时期的辅导员在科研上也进入了成熟期、创造期，在专业领域里能够不断创新，有所建树，并具有团队引领和带动作用。这一时期的辅导员在人格上，学高为师，身正为范；在政治上，发挥旗帜的作用；在学业上，发挥导师的作用；在品行上，发挥典范的作用；在情感上，发挥感染的作用。

四、探索辅导员自我发展的专业路径

（一）通过理论学习，全面提升自身内涵

1. 建立系统的知识结构

21 世纪是一个科技不断进步、信息高度发达、知识迅速更新的时代，人们只有不断学习才能适应快速发展变化的环境。近些年，学习型社会、学习型组织理念被人们广为熟知和接受。党的十六大报告明确提出："形成全民学习、终身学习的学习型社会，促进人的全面发展。"

高校辅导员要具有宽广的知识储备，最为重要的基础理论是马克思主义的基本原理，以及马克思主义中国化的最新理论成果。马克思主义是思想政治教育学科得以建立和发展的基础。马克思主义中国化相关理论知识包括毛泽东思想相关理论、中国特色社会主义理论体系、社会主义核心价值观、中华人民共和国史、中国共产党党史等知识。学习马克思主义的基本原理必须与马克思主义中国化的理论创新成果相结合，同中国革命、建设和改革的实践、中国历史传统、中国的优秀传统文化结合起来，把中国丰富的实践经验上升为理论，坚持和发展马克思主义。

在辅导员的专业知识结构中，作为主干内容的是现代思想政治教育学的理论与方法。其中，思想政治教育的基本理论及知识包括思想政治教育学原理、思想政治教育学、思想政治教育史、思想政治教育管理学、思想政治教育方法论、比较思想政治教育等方面的知识。大学生思想政治教育工作实务相关知识，包括思想政治教育、大学生党团建设、网络思想政治教育、班级建设、职业生

涯规划与就业指导、困难资助、奖罚管理、校园文化建设、社会实践、危机事件、突发事件应对与管控的相关知识；法律法规知识包括与大学生学习生活密切相关的法律法规和校规校纪。这些共同构建了辅导员职业的知识体系，是辅导员自我发展的专业知识支撑。

此外，辅导员还要多学习政治学、教育学、伦理学、管理学、心理学、法学、人才学、信息科学和系统科学等学科的有关理论知识和方法。要积极学习国外社会教育和高等教育研究的科学成果和先进经验，结合我国的国情，将其作为创新大学生思想政治教育有益的知识借鉴。

2. 提高专业理论修养

首先，加强理论学习的自觉性是提高理论修养的关键。理论学习的自觉源于坚定而正确的信念。辅导员要不断提高专业知识理论修养，把理论学习和增强对中国特色社会主义的认识结合起来。要认真学习研读马克思主义原著，在原著中寻找解决现实问题的理论依据。要结合党的路线、方针、政策来进行理论学习，在理论学习中全面认识和掌握党的方针政策。要结合思想政治教育工作实践进行理论学习，在工作中边思考、边学习、边实践，既要干好事又要做好学问。培养理论学习的自觉性，必须从大局的高度、政治的高度出发，增强使命感和责任感，提高学习的自觉性和主动性。

其次，要不断提高辅导员运用理论的水平。运用理论的水平既是对理论学习效果的检验，也是理论修养的重要体现。理论联系实际、学用结合、学以致用和学用相长是党一贯倡导的科学学风，辅导员提高运用理论的水平应把理论学习和自身思想的提高结合起来，把改造主观世界和改造客观世界结合起来。辅导员在理论学习中反思自身思想认识中的不足和偏差；同时，还要把系统的理论转化为科学的认识。要善于在理论指导实践的过程中深化认识、发展认识和升华认识，善于把理论转化为分析问题和解决问题的立场、观点和方法。要增强运用思想政治教育理论的能力与水平，运用科学的理论和方法观察和认识学生，发现问题、作出判断、运用理论，做好学生的思想教育工作。辅导员的理论运用水平体现在对社会实际的全面、客观的认识和把握上，要做到理论与实际相结合，学与用相统一，言行相一致，继承与创新相融合，反对教条主义和经验主义，理论学得深不深，体现在对客观实际正确的把握，用科学的理论去解答学生在实际生活中的新问题，化解矛盾，使学生提高认识。

最后，把握政策的能力，是辅导员系统掌握专业知识，提高专业化水平的重要方面。辅导员执行政策的能力和水平，要求他们应全面地理解和掌握国家的政策方针，全面系统地掌握各级政策法规，既要熟悉本学校、本学院的具体业务政策，又要熟知其他相关的规定。辅导员在学生教育管理中要善于灵活运用，一方面要坚定地贯彻落实政策，把落实各项政策作为自己的重要职责；另一方面要注意工作方式和方法，注重灵活性和原则性相结合，同时做好信息反馈工作，使各项工作更科学，更符合实际。

3. 强化科研意识，提升科研能力

从辅导员的实际工作出发，科研意识就是辅导员在适应学生工作环境、开展思想政治工作过程中运用思想政治教育工作的理论知识和实践经验，研究和分析在学生工作中碰到的问题。科研意识既包括对科研的觉察与主动性，又包括科研信念与热情、科研知识与经验等。敏锐的科研意识是辅导员做好科研工作的重要因素，因此，提高辅导员的科研意识是提升辅导员科研能力的关键。

辅导员进行科研工作应该首先从切身的实际工作出发，依据自身的专业特长、兴趣能力、价值观念等，针对学生日常管理、思想政治教育、心理健康教育、就业指导、职业规划，党团建设、危机干预等不同的工作方向，从职业发展的角度出发，制定科研计划。

对初级辅导员来说，要掌握的基本的思想政治教育理论和方法，主动参加学术研讨活动，积极了解科学的研究方法，善于发现问题和总结问题。对中级辅导员来说，要广泛地申报科研项目，包括辅导员工作创新、理论研究和实践研究等项目，积极争当课题研究的带头人，培养具有独立领导团队进行科研的能力。对高级辅导员而言，要结合其专业特长和兴趣能力，积极关注国内外学生工作的理论前沿和发展动态，科学地运用思想政治教育工作的研究方法，将科研成果转化为具体实践，积极参与学生工作相关的国际会议、学术交流，不断拓展视野，培养自身开拓国际化学生工作研究的视野，并带领初级、中级辅导员建立课题组、组建科研团队。

总之，通过强化辅导员的科研意识，使辅导员实现"工作学习化、学习问题化、问题研究化、研究课题化、课题成果化"的理想化状态。

（二）通过实践锻炼，全面提高工作素养

辅导员借助于社会实践提高自我能力的发展，是因为在改造客观世界的实践活动中人们能够获得发展，而职业实践在一定程度上制约着能力发展的方向，因为职业实践对各种职业能力的发展起重要作用。高校辅导员通过在一线的工作实践，能够不断地提升工作能力。因此，高校辅导员在实践工作中要创新实践方法，持续、科学地开展深入、广泛的工作实践，避免工作过程中出现"低

水平重复建设"。只有通过不断地实践，在过程中不断发现新情况，不断解决新问题，最终才能提高工作水平和提升自身职业能力。

1. 为人之师的道德修炼

"所有从业人员在职业活动中应该遵循职业道德的行为准则，行为准则包括了职业与职工、从业人员与服务对象、职业与职业之间的关系。"辅导员的职业道德包括很多方面，如育人为本、德育为先；爱岗敬业、关爱学生；以身作则、为人师表；勇于创新、奋发进取；淡泊名利、志存高远等。辅导员的职业道德核心是为学生服务，基于辅导员职业的特殊性，辅导员的职业道德水平不仅影响到学生的道德素质水平，而且还是自身道德素质的体现，关系道德素质的效果教育。辅导员的职业道德素质与辅导员的职业发展是相辅相成的，具备良好的职业道德是拥有美好的职业发展前景的必要前提；反之，连最基本的职业道德素质都不具备的辅导员，其职业发展必定会遇到种种困境。辅导员应该加强对自身职业道德的修炼。

育人为本是指辅导员把培养优秀的具有中国特色社会主义的建设者和接班人作为职业的根本。德育为先是指辅导员把对大学生的思想政治教育放在学生工作的首要位置。辅导员在开展思想政治教育等职业活动时，对待学生必须以正确的思想理论武装人，以高尚的思想感染人，坚持社会主义方向引导人，以高素质教育人。

淡泊名利是指辅导员应该忠实于崇高的教育发展事业，超越世俗功利，树立正确的职业观。志存高远要求辅导员安心下来干事业，一心一意从事育人工作，要求辅导员有远大的理想抱负，全心全意为学生的健康成长服务。

爱岗敬业要求辅导员干一行、爱一行。当从事一项职业时，任何人都应该喜爱自己的职业，热爱自己的工作岗位。如果一名辅导员想要达到优秀，就要热爱其工作的岗位，忠于职守。辅导员只有热爱职业，积极投身事业，才能做好辅导员的工作。辅导员应该不怕吃苦、兢兢业业、认真勤恳，努力把所有精力投入到培养优秀人才的辅导员事业当中去。

辅导员关爱学生的要求是把学生当成知心朋友，在把自己优秀品质和自己的知识技能传授给学生的同时，努力发现学生的优点与潜力。尊重学生的具体要求是让辅导员尊重每一位学生，包括尊重学生们的兴趣爱好、理想抱负、人生态度等；同时，还要求辅导员公平、公正地对待每一位学生，并且严格要求每一位学生。

教学生学会为人处世，这要求辅导员自己必须先学会为人处世之道，能够做到以身作则、为人师表。辅导员只有这样，才能做好学生的思想工作。孔子云："其身正，不令而行；其身不正，虽令不从。"身教对辅导员来说尤为重要。辅导员在工作中需要做到言行一致、严于律己、表里如一、以身作则，争当学生的楷模和榜样，处处注意自己的行为规范。辅导员的道德品质、言行举止、性格气质等，都会对学生产生深远的影响。

创新精神要求辅导员要有强烈的创新意识，不断更新思想政治教育与学生管理工作的方法与思路，以适应不断变化的教育环境。奋发进取则要求辅导员要有不断追求进步的意识和态度，并始终保持足够的工作热情和激情，不断追求新目标、新境界。

当然，辅导员的职业道德素质除了上诉几点之外，还包含刻苦钻研、严谨笃学、循循善诱、因材施教、团结协作、求真务实等。辅导员要在提高思想政治教育的实效性等工作中不断地提高自身的职业道德素养。这是从自身角度解决职业发展困境的最直接的途径。

2. 管人之术的能力锻炼

从事辅导员这一职业的人员在年龄、学识和阅历等方面都存在差异。为此，辅导员这一职业要依据从业者不同的能力特点划分出不同的职业等级。辅导员职业等级体系包括以下六个方面：思想教育的管理能力、人生发展的导航能力、党团组织的建设能力、专业知识的指导能力、生活心理的关怀能力、危机事件的处理能力。基于辅导员自身的发展需求，辅导员应该在不断加强自身业务学习的同时，注重提升自己的各项实践能力。

在思想政治教育与管理方面，辅导员要深入学生中去，可通过走寝、谈话、班会等形式直接了解和掌握学生的基本情况，也可通过日常观察、学生骨干反映等方法间接了解学生的情况，从而在第一时间掌握学生的思想动态，对学生所关注的焦点、热点问题进行及时、正面的引导，使学生的思想道德一直处于社会主义主旋律上。大学阶段是青年形成正确的世界观、人生观和价值观的关键时期。因此，辅导员应该注重运用灵活多样的方式帮助其形成积极健康的价值观。此外，辅导员还可以在校园内围绕社会主义核心价值观开展理论学习及实践活动，邀请思想政治教育方面的专业教师对学生们传授系统的理论知识，依托学生组织和社团打造具有品牌影响力的校园文化特色活动，从而更好地践行社会主义核心价值观。

在指导学生的人生发展方面，要清醒地认识到，辅导员是一个侧重于引导和激发学生潜能的职业，应该多与学生一起分析问题、探讨问题，让学生在解决问题的同时，意识和找到自身的潜力所在。辅导员是学生在校期间接触最多的老师，因此，辅导员要时刻注重自己的举止和言行，并用自己的经验去辅导学生，成为学生的榜样。此外，辅导员还要做学生的知心朋友。只有这样，学生才会说出所思所想，辅导员才能进行正确的引导与帮助，做到教学相长。

在党团组织建设方面，辅导员要抓好红色主义的建设工作，要在学生中间定期开展党团知识的理论学习和主题教育活动。可借助多种新媒体手段，增强学生学习的主动性及实效性。注重对学生党员的培养，要严格按照程序，做好学生党员的发展及教育管理工作。若能抓好学生党员这个群体，就能了解学生的思想动态、学习风气和精神风貌等方面，要努力让学生党员成为学生中的一面旗帜。

在专业知识的指导方面，辅导员必须不断地丰富自身的知识储备，掌握基本的专业知识并不断完备知识结构，与同学们一起进行新领域的学习与探索。同时，做到了解和掌握专业动态，还要从横向和纵向把握专业的发展趋势。辅导员只有这样，才能在学生中树立威信力，形成理想效应。为帮助同学们更深层次地把握专业知识，还可聘请相关领域的专家、教授通过开展讲座的形式对其进行指导，从而更好地为学生的成长和成才服务。

在对学生生活和心理的关怀方面，辅导员要了解和掌握大学生的需求，对于大学生常见的生活和心理问题能够进行有效的解决与排查；同时，注重运用法律和心理学等方面的知识帮助学生解决问题。对于几个重要的时间节点，如新生入学期、考研择业期、毕业生离校期，要加强重点关注与管理。要与专业的心理机构保持密切联络，对学生初期的不良情绪进行疏导与调节工作，懂得运用基本的心理危机干预方法。要在把握基本工作规律的主线上，不断深入分析和探讨有效的工作方法。

在处理危机事件方面，辅导员要掌握危机事件处理的方法与程序。在坚持原则的前提下，视情况而定。在危机事件发生后，要第一时间赶赴现场，了解基本情况并及时汇报。要依情况采取规劝、说服等缓和性的措施稳定当事人的情绪，或寻求相关部门采取救援等措施。对事件的发展，要持续进行跟踪。必要时，还应当召开新闻发布会以正视听。事后，要根据事件性质，依法追究相关人员责任，对人员进行必要的心理疏导，及时消除由此衍生的不良影响。要从整个事件的发生和处理过程中总结经验教训，建立和完善危机事件的预警机制。

（三）通过朋辈指导，全面提高工作水平

1. 同事间的交流互助

在辅导员的自我发展中，应该如何调动辅导员个体或群体的积极性？虽然，制度与政策非常重要，但是辅导员发展的最终动力还是来自于自我发展。部分高校在高校辅导员队伍建设的实践中积累了很多经验，常常通过辅导员协会、辅导员沙龙、辅导员论坛等方式，帮助辅导员的成长与发展，形成了互动交流型辅导员的发展模式。这种互动交流型的发展模式，加强了辅导员同事之间的相互学习，对于辅导员职业能力的提升具有很大的促进作用。

辅导员要创造条件积极参加高校学生工作沙龙、论坛、竞赛等交流活动，与一线学生辅导员交流经验，进行思想碰撞。辅导员协会是一个集辅导员交流、学习和培训为一体的组织。2005年，复旦大学成立了全国首家高校辅导员协会。复旦大学的辅导员协会在理论学习的基础上，根据辅导员的实际需要，制定辅导员培训大纲，为辅导员提供可选择的培训课程。培训不是简单地让辅导员学习理论知识，而是更注重辅导员间的交流、研讨。通过主题式研讨，组

织辅导员进行讨论，积极营造同行同事间相互学习、共同提高的氛围。清华大学在这方面也有自己的经验。他们编辑的《辅导员之友》专题杂志，除了提供思想政治教育的基本理论和实践探讨外，还开设了"辅导员心声""工作交流"等栏目，促进辅导员之间经验的分享与交流。此外，随着微信被大众广泛使用，微信也成为辅导员之间跨地域交流的重要手段和便利平台，辅导员之间可以通过"辅导员微信公众号"，分享工作经验，交流工作心得，讨论工作方法，共享公共资源。例如，"高校辅导员联盟""第一辅导员""i辅导员"等微信公众号，分享了很多辅导员工作的经验和做法，对于辅导员的发展有很好的示范作用。

辅导员应该创造机会参加辅导员岗位交换活动，在不同高校间、不同岗位间进行实践锻炼。要争取自愿参加辅导员跨校的短期考察，加强对整个高校辅导员职业深刻的、系统的和直观的认识，有的放矢地使自身职业能力获得提升。教育部辅导员工作研究会每年都举办国内高校的交流活动，自2009年6月开始在部分高校试行到逐步开展，已成功举办了12期。2016年，黑龙江省有东北农业大学、东北林业大学、哈尔滨师范大学三所学校的四名辅导员参加。交流时间为4~6个月。在这项交流活动中，辅导员不是进行简单的经验学习，而是亲身实践，在工作中获得新技能和新思路。辅导员国内跨省挂职交流开辟了辅导员培训提高的新渠道，搭建了辅导员向兄弟院校学习和借鉴的新平台，为辅导员的自我发展注入了新活力。

同行同辈间的交流互助能够充分调动辅导员个体、群体的积极性，变"要我学习"为"我要学习"，变"要我发展"为"我要发展"。这实际上是辅导员发展主体、理念和途径的转变。

2."先""优""模"的榜样示范

列宁说:"榜样的力量是无穷的。"邓小平也多次强调身教重于言教,这是对榜样社会价值的精辟揭示。"典型教育也叫示范教育,它是通过典型的人或事进行示范,教育人们提高思想认识的一种方法。典型教育法是将抽象的说理变成通过活生生的典型人物或事件来进行教育,从而激起人们在思想感情上的共鸣,引导人们学习与对照效仿。"❶

辅导员要把工作中的"先""优""模"当作老师,可以借鉴部分院校的辅导员导师制,邀请富有经验的老辅导员或者年轻优秀的辅导员担任导师。顾名思义,导师制是有经验的优秀老辅导员担任新入职辅导员的老师,在亲密的师生关系下,老辅导员不仅能帮助新辅导员积累工作经验,而且还可关心他们的学习和生活。因此,在辅导员培养上,尤其是新入职辅导员的培养上,可以借鉴这种教育培养模式。新入职的辅导员工作热情饱满,但对自我认知及职业认知都还很模糊,对于职业前景、发展方向也不太了解。年轻的辅导员可以邀请富有经验的老辅导员担任其导师,这样可以充分发挥学生工作"传、帮、带"的优良传统,对其进行指导和帮助。

在辅导员职业导师的帮助下,年轻辅导员能够尽快完成角色的转变,明确角色定位,树立职业发展目标,传授工作经验,解决工作难题;老辅导员可以督促新入职的辅导员不断加强学习,进行学术研究,完善其知识结构;老辅导员还可以帮助新辅导员构建和谐的工作环境和建立良好的心理素质。例如,福州大学就有建立辅导员导师制的成功经验,他们为新入职的辅导员指定导师,导师对新入职的辅导员进行为期一年的"一对一"指导。导师制

---

❶ 郑永廷.思想政治教育方法论[M],高等教育出版社,2010.

的做法值得借鉴和推广，有利于辅导员个人能力和素质的快速提升，促进辅导员的自我发展。

教育部每年都会评选"高校辅导员年度人物"，其活动的目的在于发掘和宣传辅导员群体中的先进典型，树立辅导员队伍中可亲、可敬、可爱、可学的优秀榜样。通过对典型人物的宣传，将他们优秀的个人魅力、工作经验与敬业精神分享给全国的辅导员们。类似这样的活动还有辅导员技能大赛，辅导员博客大赛等赛事，充分体现了"先""优""模"的榜样示范作用，能够更好地调动和激励辅导员们以优秀者为榜样，不断增强自身的业务素养和职业能力，促进自身的全面发展。

五、优化高校辅导员自我发展的管理机制

（一）重视辅导员的职业生涯规划

1. 引入辅导员职业生涯管理理念

辅导员队伍的发展问题主要是指辅导员的职业生涯发展问题。在辅导员职业生涯发展的过程中，辅导员职业的认同感和工作成就感的提升非常重要，要将物质奖励和精神激励相结合，特别是要加强对辅导员精神激励的关注。Argyris 在 20 世纪 60 年代最早提出了"心理契约"的概念。这一概念强调了组织和员工有一种隐含的、非正式的关系。这种关系是一种相互期望和理解，是除了具有正式契约关系之外的另一种关系。20 世纪 80 年代以后，美国管理心

理学家施恩（Schein）进一步界定了心理契约的内涵。他指出，心理契约是指"个人将有所奉献与组织欲望有所获取之间，以及组织针对个人期望收获而提供的一种配合"。按照这种理论，在辅导员进行职业生涯管理的过程中，只有了解了辅导员的内心需求，才能更有针对性地激励辅导员不断发展。如今的高校辅导员都有相对较高的个人素养和综合能力，属于高知人群。相对于学历较低的人群来说，他们在工作中更加渴望得到自由和独立，更需要得到认可和尊重。因此，在辅导员的自我发展过程中，了解自己工作的发展空间和发展前景具有十分重要的意义。

高校传统的人事管理往往重使用、轻培养，这样传统的认知管理模式，是在管理者长期经验中积累建立起来的。这种理念不重视辅导员职业潜能的开发和辅导员自身职业价值的实现，而是更多地关注辅导员的工作业绩。在这种传统的管理模式下，辅导员只会事务缠身，缺少对自己职业生涯发展的展望和规划，会逐渐产生职业倦怠，丧失工作的积极性，对自己的职业前景逐渐失望。因此，在高校辅导员的使用和培养上，要借鉴职业生涯规划管理理念，高度重视辅导员的职业生涯规划，重视辅导员的培养与培训，积极引导辅导员进行自我职业生涯的规划，拓展辅导员的职业发展空间，促进辅导员的成长发展。

思想是行动的先导，管理理念的先进与否直接影响管理行为及管理效果。应加强高校辅导员职业生涯管理，将职业生涯管理理念引入高校辅导员队伍的管理中，实现高校辅导员队伍的整体提升和快速发展。首先，要转变高校的人事管理观念，转变那种视辅导员为高校人力成本的观念，而是应将辅导员队伍视为可以在高校教育教学管理中可开发的、产生良好的社会效益并能发挥重要作用的人力资源。其次，要突破传统的管理理念。不仅要实现辅导员人尽其才、才尽其用和用见其效，而且还要提高对辅导员职业技能培训、培养的重视程度，使他们有增值的机会和发展的空间，以充分实现其自我价值。

因此，从辅导员自我发展外部环境的营造上，需要辅导员的管理部门提高对辅导员职业生涯规划的认识，构建辅导员职业生涯管理的机制，优化辅导员的知识结构，培养辅导员的专业技能和素养，提升辅导员的职业认同感，为他们创造发展的空间和平台，把辅导员工作视为能实现个人价值的职业，使他们感受到辅导员职业是有广阔的职业发展空间的、值得为之奋斗的终身的一项事业。这样一来，每一位辅导员就能最大限度地发挥自己的主动性、积极性和创造性，不仅能够有效地开展大学生思想政治教育工作，而且还能够服务于学校的发展目标，进而更好地实现自我发展。

2. 设立"辅导员职业生涯管理委员会"

辅导员职业生涯委员会是加强辅导员职业生涯管理的一项尝试，是高校对辅导员职业生涯管理和规划的部门。它由学校人事部门和学生工作部共同建立，由校内、外专家或资深辅导员担任职业生涯指导顾问。其主要职责应包括以下五方面：规划、制定高校辅导员培训培养方案；分析辅导员的职业特质，帮助辅导员规划职业生涯发展；提供辅导员的职业生涯发展咨询服务；检测、监督辅导员的职业生涯发展进程；加强高校组织与辅导员个人的信息沟通。

职业生涯管理委员会采用会员制管理，定期举办沙龙，一方面解读学校在辅导员队伍建设上的相关政策与措施；另一方面倾听辅导员的愿望与需求，及时调整辅导员政策和制度，实现辅导员与高校之间的信息畅通和信息互动。这样做有利于辅导员及时了解辅导员队伍的整体发展，将个人发展与组织发展融合起来，使两者之间达到和谐平衡的发展状态。

3. 设计辅导员职业生涯通道

"确定的职业生涯通道有助于员工了解自己在该组织中的职业生涯发展的框架，更好地按组织的需求进行发展，或者根据自己的特长来确定适合自己的发展道路。"术业有专攻，学生工作涵盖范围广，需要辅导员在多项领域都能够有所涉猎，但是辅导员要想在所有领域都能做到样样精通却非常困难。

从辅导员自我发展的角度来讲，成为学生思想政治教育工作某一领域内的行家里手，走专业化、专家型道路是辅导员自我发展的一种最优选择。高校可以根据辅导员的职业发展目标、岗位经验基础、能力与知识机构、性格特点，设计打造管理型、专家型、学者型辅导员。成为学者型辅导员的基本特点是具有深厚的马克思主义基本理论功底，掌握大学生思想政治教育规律，并具有一定的学术科研能力。为培养学者型辅导员，学校可以组织他们进行科研交流、学术讲座及理论学习培训，为他们的成长成才提供条件。学者型辅导员可以成为思想政治理论课教师的后备力量。专家型辅导员的特点是在学生工作某一领域专业化程度高，专业能力和素质强，专业经验丰富。为培养专家型辅导员，学校可以依托专门的机构，选送辅导员参加国家心理咨询师资格培训、职业生涯规划师培训、创业导师培训等，提高他们的专业技能。管理型辅导员的特点是组织管理能力、沟通协调能力都较强，擅长党团建设、资助管理、班级建设、学生干部培养、突发事件处置。为培养管理型辅导员，可以有针对性地安排他们参与组织学校大型活动，进一步锻炼他们的组织协调能力，还可选送优秀的管理型辅导员成为学校机关管理人员的后备力量。

（二）积极推进辅导员队伍的职业化建设

1.提高对辅导员职业化的认识，落实好相关政策

（1）高度重视辅导员职业化

第一，高等学校尤其是高校领导层，要充分重视辅导员队伍职业化建设，熟悉中央和教育部关于辅导员队伍建设的相关文件，在办学理念、办学思想上，充分认识辅导员队伍在学校人才培养工作中的重要作用，真正把辅导员职业化建设的重要性提高到学校发展战略的高度上，将其看成提升高校办学质量、强化教师队伍建设和提升高校综合竞争力的重要组成部分。结合上级文件精神，制定操作性强的辅导员职业化建设实施细则。育人为本，德育为先，要真正把学生思想政治教育坚定不移地放在学校人才培养工作的首要位置，给予辅导员职业化提供全面支持，消除政策和体制造成的各种根本性问题。

第二，学校全体师生应该逐步转变观念，正确认识学生思想政治教育工作开展的重要作用，剔除传统的诸如辅导员是教育管理工作的"保姆"、人人都可以胜任、辅导员是维持学校秩序的"学生督导"等思想，切实认识到辅导员职业的重要性、专业性与职业性发展的必要性，积极配合辅导员，从本职工作出发，形成全校多方合力育人的良好局面。努力营造全员育人的氛围，协同配合做好学生的教育、管理和服务工作，改变对辅导员队伍的错误认知，支持并关注辅导员的职业化建设。

（2）采取措施，落实相关政策

国家关于辅导员队伍建设的相关文件经过深入调研和论证已相继出台，在具体实施过程中，要提高认识，坚决贯彻落实各项政策，切实规划好辅导员职

业化的方案并制定相关的保障制度，切实保证高校辅导员职业化建设的资源供给。学生思想政治教育队伍工作在大学生思想政治教育的第一线，其任务繁忙、责任重大，学校要从政治上、工作上和生活上关心他们，在政策和待遇方面给予适当倾斜。因此，迫切需要中央、教育部、地方政府、教育行政主管部门、高校形成合力，出台具体、明确的实施细则、配套制度，并加以监督落实，应把辅导员队伍建设的职业化、专业化纳入高校办学质量评估体系，并将其作为衡量高校党政工作的硬性指标。

高校要严格按照文件要求，采取行之有效的具体措施，坚持"留住人、造就人"的理念加强辅导员队伍建设；思想认识上，要高度重视，提供和保障工作待遇，不断增强辅导员职业认同感和职业吸引力。思想政治教育工作是学校发展的"生命线"，辅导员作为一线思想政治教育工作者，要视其为高校管理干部和专门人才培养的重要储备，出台与本校实际情况和发展需求相适应的文件、条例来提高和保障辅导员的政治地位和经济地位，保障其至少不低于同级别专任教师的经济收入，使其真正不再有"低人一等"的想法，真正获得学校的充分重视和内心的满足，从而提升辅导员对自己的职业充满自豪感，积极主动地投入大学生思想政治教育工作。高校应严格执行国家有关辅导员队伍建设的各项政策，包括辅导员是教师和管理干部的双重身份等，努力营造和谐的工作氛围，给予辅导员更多人性化的关怀，优化辅导员工作的软环境。

2.明确高校辅导员职业标准，建立和完善辅导员从业制度

高校辅导员职业化建设中的一个重要的标志就是辅导员拥有独立的职业地位。而要拥有辅导员专享的职业化工作地位，首先应通过明确辅导员职业标准、确立辅导员职业职责范围、确定辅导员职业专业化发展方向来实现。要区分辅

导员这一职业与高校教师和机关行政干部的相同之处及不同之处。辅导员是独立的职业，辅导员队伍是相对独立的群体，因而要建立起一项特殊的、完善的准入、聘用、职级、考评及退出机制。

（1）建立统一的辅导员职业准入制度

应明确辅导员职业资格认证体系，逐步完善辅导员各项职业标准。要像社会其他行业需要具备从业资格一样，如会计师资格、律师资格等取得必须通过一定的考试和认证，辅导员也要在思想教育、心理辅导、就业指导、学习辅导等方面综合运用教育学、心理学、医学、公共关系学、组织行为学、管理学等理论和前沿实践，最终达到对学生成长进行指导和服务的基本要求，以及相应的职业认证。这一目标可以通过建立健全高校辅导员职业认证资格机制，通过职业资格认证、注册制度，逐步推行辅导员持证上岗机制，确保辅导员从业的专业能力和职业水平。应构建科学的高校辅导员胜任力模型，并以此为标准来选拔和聘用辅导员。另外，高校还要在相关部门的组织下，对新入职的持有职业资格的辅导员进行具有本校特色的岗前培训，如校史和校情教育、专业思想教育、《学生手册》学习、危机处理，以及本校有关辅导员的相关管理制度培训，辅导员做岗前培训合格后，方可被录用上岗。

（2）完善现行的辅导员职称评定体系

在辅导员专业职称评聘、职务晋升上，实行辅导员双重职业路径，坚持"两条腿"走路，一走专业职称，一走行政职务。在职称评聘上，各高校在政策上应给予适当倾斜，建立单独的辅导员职称评定体系，制定与辅导员实际工作相结合的职称评定标准，结合个人实际工作业绩可适当放宽教授级别辅导员的评聘标准，增加高职称辅导员比例。专业技术职称可参照助教、讲师、副教授、教授的专业职级，行政职务按照科员、副科、正科、副处、正处的管理职级，设立不同级别的辅导员岗位，由低到高。不同的岗位和职级的收入水平逐级递增，由低向高晋升要明确工作年限和工作实绩。

"根据职业发展理论的提示和现实的需要，高校要重点考虑辅导员职称体系的建立和为辅导员创造良好的工作条件问题。高校在制定职称评审文件时，应在考虑学生思想政治教育复染性和艰巨性的基础上，将职业化辅导员的职称评定标准与专业教师区别开来，按照德、能、绩、效的标准，完善一套与辅导员工作特点、规律相适应的职称评定体系。各级各类高校应加强思考，加强探索，不应简单机械地制订专业教师的职称评聘标准，要尽快制定完善适应辅导员工作规律和特点的职称评定体系，根据其工作的特殊性进行单独评定，给予适当的政策倾斜。"成功的案例如上海大学通过"五级聘任"的方式，保障辅导员的职称晋升和待遇，这对辅导员职业地位的提升起到非常大的促进作用。辅导员职称序列单列是国家政策明确规定的，但在现实中受各地人事制度限制却是最难以实现的。2012年，贵阳学院出台了辅导员职称评聘单列指标、单设标准、单独评审的"三个单列"指导性文件，校学术委员会在研究博导员评聘原则时，明确了"辅导员优先"的原则，并在职称评聘上开始进行有益尝试，对广大辅导员具有较强的激励作用。

（3）建立科学的辅导员考评制度

完善的职业考评制度有利于约束从业者的职业行为，有利于激励从业者做好本职工作。辅导员的职业化进程离不开科学的考评制度。首先，应科学设定考核指标。由于辅导员的工作具有特殊性，其工作内容能够定性分析的较多，能够定量分析的较少，辅导员的具体工作成效很难用具体数字反映出来。思想政治教育工作是一个系统工程，需要各方面配合才能产生成效。此外，教育学生是一个潜移默化的过程，短时期内很难起到立竿见影的效果。因此，不能简单地以所带学生在校期间的表扬和奖惩情况来评判辅导员的功过是非。通常情况下，高校的辅导员考评指标包含"德、能、勤、绩"四个方面，范围涵盖内容广，但缺少量化的指标，在实际的考评中应就每个方面作出具体规定。如考核辅导员的"能"可以设定为辅导员的获奖情况、科研成果等；在辅导员的"勤"，则要求人事部门要做好辅导员的出勤情况统计，以及辅导员深入学生次数统计等。

其次，要完善考核方法。应先把辅导员的考核标准和办法以文件的形式固定下来，不能朝令夕改。根据辅导员工作的特点，对辅导员的绩效考核工作可采用"360度评估法"，从辅导员自评、院系领导测评、职能部门评价、部分专业课教师和学生评价等方面，对辅导员的工作进行全方位考评，增加考核的可靠性和有效性。

最后，要注重考核结果的及时反馈。应将考核结果公示后存入档案。学校应及时将考核结果对每个辅导员进行分析、总结。对于考核不及格的辅导员，应找其个别谈话，解释此次考核结果，分析该辅导员工作中存在的问题，达到鞭策后进的作用。对考核多次不合格的辅导员，应有相应的处理办法。考核结果的反馈和运用，是考核能否取得预期效果的关键环节。同时，考核的结果应该与辅导员的薪资待遇、培训交流、职称评定等紧密挂钩，赏罚分明，有利于激发辅导员的工作积极性。只有这样，考核才能真正起到奖励先进、鞭策后进的作用。

（4）完善辅导员流动和退出机制

高校也应逐步完善辅导员流动和退出制度。根据实际工作的需要，辅导员可结合自身情况流动到校内教师或相关职能部门的管理岗位，表现突出的辅导员也可以提拔到二级学院党委等学生思想政治教育和管理的相关部门，尽量保证不离开学生教育和管理岗位，避免专业人才流失。如果辅导员在考核或日常工作中出现职业不匹配、工作不称职、工作不到位、工作不安心等情况，那么就应及时果断地启动退出机制，保证在岗的辅导员具备良好的职业操守并胜任岗位工作的能力，保证辅导员队伍的相对稳定，奠定辅导员队伍职业化发展的基础。

3. 改进高校辅导员工作运行机制，创新管理机制

传统的辅导员管理模式是由多个部门分块管理，这在某种程度上制约了辅导员职业化的发展，应着力改善辅导员工作的运行机制，创新管理体制，理顺管理关系和工作模式。

（1）明确辅导员角色定位和工作职责

明确辅导员的角色定位要回答的是辅导员"是谁"的问题。教育部《普通高等学校辅导员队伍建设规定》对辅导员的角色定位及工作职责都进行了明确的规定："辅导员是高等学校教师队伍和管理队伍的重要组成部分，具有教师和干部的双重身份。辅导员是开展大学生思想政治教育的骨干力量，是高校学生日常思想政治教育和管理工作的组织者、实施者和指导者。辅导员应当努力成为学生的人生导师和健康成长的知心朋友。"

从辅导员"是大学生教育管理工作的组织者和实施者"来看，辅导员处于思想政治教育工作的一线，做好思想政治教育工作是辅导员工作的首要职责，要结合学生的不同特点开展有针对性和实效性的思想政治教育；同时，也要负责对学生的学习、生活等各个方面的管理，组织学生开展各种文化艺术活动，如社会实践活动、科技创新活动、志愿服务活动等。

从"辅导员是大学生的人生导师和知心朋友"来看，辅导员是与大学生接

触最多、交流最多的老师，他们容易与学生打成一片，也能够成为学生的知心朋友。同时，由于辅导员有较为丰富的人生阅历和实践经验，能够更好地了解学生成长过程中的困惑与问题，并在其人生发展方向上给予指导。因此，辅导员可以成为学生"人生导师"。

由此可见，辅导员具有教师和管理人员的双重身份，他们不仅是学生工作事务的管理者和组织者，更是学生健康成长的人生导师和知心朋友。因此，由于身份复杂、角色多样，辅导员的工作也是千头万绪，一旦陷入事务性的工作中，就会失去发展的方向。因此，只有抓住工作中的主要矛盾和矛盾的主要方面，才能取得事半功倍的效果。总之，要加强辅导员队伍的职业化建设，要明确辅导员的角色定位。只有这样才能使辅导员产生职业归属感，增强职业认同感，激发辅导员的职业进取心。

辅导员的工作职责要回答的是辅导员要"做什么"的问题。权责不明、分工不清是当前辅导员队伍的整体问题，辅导员是"万金油"，什么都能做，什么都该做，只要涉及学生的问题，无论什么都与辅导员相关，导致辅导员承担了很多超于其职责范围内的工作，造成辅导员事务缠身，身心疲惫，无暇顾及个人的职业化、专业化发展，无法有效地开展学生思想政治教育工作。明确界定辅导员的工作职责，有利于辅导员的自我发展。

要做好高校辅导员的职业化队伍建设工作，需要采用精准的工作分析和科学的工作设计，合理分工辅导员工作，明确工作归属，明确各项工作的特征、规范、要求和流程，以及完成此工作所需的技能、知识和能力。从教育部的规定可以看到，辅导员的工作职责首先是教育职责，其次是管理职责，最后是服务职责。对辅导员工作职责的界定表明辅导员虽然在组织中扮演着重要的角色，但这只是学校管理工作中的一个环节，有其特定的工作范围。

（2）明确管理主体，划分管理范围，统一管理权限

在传统的高校辅导员管理体制中，由人事处负责管理辅导员的人事编制、岗位聘任制、人员调配手续、工资管理、工资福利、档案管理等；由学生工作部负责辅导员的准入、业务培训、校内工作交流、年度考核、业务档案管理、评奖评优等；由所在院系负责具体工作安排、补贴福利发放、院系一级的考核、奖惩。

辅导员的职务、职称晋升、转岗等问题的一般程序是，院系初审，学生工作部复审，组织部审定职务晋升，人事处审定职称晋升，教务处审定转岗。在这样的传统体制的管理下，在辅导员职称职务晋升的切身利益的问题上，经常会出现互相推诿，导致辅导员各方面待遇兑现困难的问题。所以，需要明确管理主体，划分好管理范围，统一管理权限。

（3）大胆创新，试行专项辅导员工作机制

我国高校学生工作实行的"块状"模式管理，每个辅导员都有自己一块"责任田"，每天要面对"责任田"中的上百名学生，解决每个学生身边出现的种种问题，显然专业化程度不够，专业能力提升缓慢，缺乏可持续发展力。国外学生事务管理采用的是"条状"模式管理，学生事务工作者只需要在自己擅长的专业领域发挥作用，突出工作的专业性，彰显专业能力。因此，可以考虑借鉴国外条状模式，在高校中试行专项辅导员工作机制。根据管理工作的内容不同、分类设立不同的专项岗位，细化辅导员岗位职责内容，突出辅导员的专业服务职能，包括生涯规划、心理健康、学业指导、生活服务等，加强内部分工，在各自的领域里，进行专业深度和广度的拓展，从使辅导员烦琐的事务中剥离出来，最终的发展目标是专家型辅导员。专家型辅导员指的是由具有相关专业背景和职业资质的辅导员，担任专业性较强的教育、指导、服务工作，在实践中

拓宽专业宽度。这种做法不仅有利于辅导员的专业发展，更有利于推进辅导员队伍的职业化进程。

一些高校也在尝试把"多头管理制"改为"中心管理制"。在学生工作处下设辅导员工作中心，辅导员由该中心统一管理，不再分配到各个院系。辅导员工作中心再根据专业性质和工作职责设立若干小组，组成办公室，分别从事思想政治教育、就业指导、困难资助、心理辅导、素质拓展、校园文化、党团支部及班委会建设等方面的工作。改变必然会牵动高校学生工作的方方面面，带来操作上的麻烦，会带来大规模地调整和改变。但从长远来看，这种致力于"术业有专攻"的工作模式，对于提高辅导员工作的专业化和职业化程度是有利的。

（4）建立健全激励机制

激励机制不仅是确保辅导员队伍稳定性的有效保证，也是辅导员个人职业生涯可持续发展的有效保证。它充分调动了辅导员的工作积极性，实现从"要我做"到"我要做"的转变。激励机制不但包括物质激励机制，而且还包括精神激励机制。

物质激励是一种最常见的激励方式。物质激励可以满足辅导员基本的生活需要，使辅导员无后顾之忧。高校在制定辅导员的工资待遇时，在考虑辅导员正常生活所需的基础上，要结合辅导员的工作业绩和工作量，有差别地设定绩效工资。工资与辅导员的工作量、工作绩效水平挂钩，使工资成为工作量、工作结果好坏的一种反映，使工资生活保障因素变为与工作本身有关的激励因素。此外，辅导员也属于高校教师的一员，在工资待遇上要一视同仁，甚至可以略高于本校相应级别的教师，这体现出对辅导员工作强度的认可与尊重，也是有物质激励带来的激励效应。

根据马斯洛关于人的需求理论，人不但有物质需求，还有精神需求，而且更关注精神需求的满足。当低层次的需要得到满足以后就会产生高一级的需要。因此，要建立完善的辅导员的精神激励机制，应主动关心辅导员的情绪体验与价值认同，适时褒奖工作突出、敬业勤勉的辅导员，充分满足辅导员的自尊心、荣誉感和成就感，满足辅导员的心理需求，推动、刺激他的发展需求，从而激发其自我发展的动力。

4. 健全辅导员职业能力培育体系，加强职业组织和职业文化建设

（1）依托专业学科

高校辅导员职业一直以来依托的是思想政治教育及相关学科专业。从 2008 年起，国家教育部力求从源头开始培养从事学生工作的高级专门人才，开始推行思想政治教育专业（辅导员方向）学科试点工作，设立硕士点、博士点或专业学位点。思想政治教育专业（辅导员方向）这一学科方向的设立给辅导员职业化发展提供了新的契机，这一学科方向正在逐步建构起体系完整、有针对性的专业课程模式。

要加快推进辅导员职业化进程，就应该尽快设立独立的高校辅导员专业，打造由思想政治教育、管理学、心理学、人际关系学、青年学等多学科共同支撑的专业学科平台。

（2）建立职业培训体系

要坚持专业化培训。一方面，有条件的高校可以开设思想政治教育专业，甚至是辅导员专业，培养具有专业理论知识和职业素养的学生，作为辅导员的人才储备；另一方面，高校重视辅导员的学历提升，鼓励、支持和委派优秀辅导员深造学习，攻读思想政治教育（辅导员方向）硕士和博士学位，专职从事学生教育、管理、服务工作，走专业化、职业化发展道路。

坚持全方位培训。辅导员培训要形成多层次、多类别、多形式、多渠道的培训体系，将岗前培训和岗位培训相结合，将骨干培训与全员轮训相结合，将职业培训与学历教育相结合，提高认识和深化实践相结合。培训的实施要清晰合理、层次分明、类型多样、各有侧重。

注重校本培训。我国高校辅导员队伍已接近 13 万人，既不能单纯地依靠教育主管部门组织的培训，也不能单纯依靠辅导员培训基地组织的培训，而应该依靠高校自身有针对性地加强校本培训。高校需要设立专门的辅导员培训部门，精心设计和规划辅导员的培训课程。可以在校外聘请学生事务管理的专家与校内挑选资历深厚、经验丰富的辅导员共同研究制定培训方案，定期组织辅导员参与学习、培训，为本校辅导员量身定制培养计划。需要校本培训顺应终身学习的要求，贯穿辅导员生涯的全过程。这与辅导员职业能力培养的持续性和持久性匹配，需要校本培训体现实践性，把辅导员的培训和实际工作紧密结合起来，不仅通过培训解决实践中碰到的最棘手的难题，而且还要把教育活动融合到实践工作中，发现问题、反思问题、交流问题和解决问题；需要校本培训可结合高校的资源条件，针对不同的培训内容采取不同的培训方式，以达到提升辅导员职业能力的目标。

（3）营造职业文化氛围

加强辅导员职业化建设，还应该以职业组织为载体，加强职业道德规范和职业文化建设。所谓的职业组织就是辅导员协会，依托协会培养和实践职业道德规范和职业文化。要树立典型，加强事迹宣传，引领行风发展，明确辅导员个体的行为准则。优化职业文化建设舆论环境，一方面为辅导员队伍的科学、有序发展提供道德规范的上保障；另一方面，有利于提高辅导员队伍整体素质的提高。利用职业道德规范约束辅导员群体的职业行为，塑造辅导员崇高的责任感、使命感，鼓励辅导员乐于奉献、爱岗敬业，为推进辅导员职业化建设营造氛围创造条件。

六、展望辅导员自我发展的归宿

（一）"专"——专业化发展

辅导员在"专"方面的发展指的是辅导员走职业化、专业化的发展路线。在《意见》出台后，党和国家高度重视辅导员队伍的建设，从维护高校稳定和高校育人的需要出发，深刻认识到加强大学生思想政治教育的重要性和紧迫性，积极推进辅导员职业化建设，努力建设一支具有马克思主义理论知识，政治坚定、专兼结合、结构合理、稳定持续发展的高素质队伍。职业化意味着辅导员可以成为一种终身从事的职业长期地做下去，在辅导员工作职业化的基础上，走上专业化发展的道路，成为学生思想政治教育、学生事务管理、心理咨询及就业指导等方面的专家。

在辅导员职业化、专业化、专家化发展的道路上也需要进行适时的反馈与修正。辅导员从非专业道路修正调整到职业化、专业化和专家化道路，包括专业调整、知识结构调整、个人兴趣爱好调整等。专业调整体现在，很多辅导员并非思想政治教育相关专业毕业，其原来所学的专业知识并不一定就能实际运用到现实工作中，这时需要对自己原有的知识结构进行调整以适应工作。另外一种调整是个人兴趣爱好的调整。有些毕业生在辅导员招聘的时候因为大家认为辅导员工作好就都地去报名参加，因自身素质较好也顺利地进入辅导员队伍。

但随之而来却出现职业生涯发展困惑，久而久之发现自己并不喜欢这项工作。因为辅导员工作过于烦琐，并且需要经常跟学生沟通，而自己不喜欢跟别人沟通，此时工作就与个人的性格爱好发生冲突了。何去何从？要么选择转行，要么调整自己培养职业兴趣。只有在工作实践中调整自己，最终才会有机会成为思想政治教育专家。

辅导员职业化的发展需要在辅导员队伍中培养一批专家型人才。辅导员工作是一项需要复合型人才的工作，需要辅导员具备以多种学科知识为基础，既包括思想政治教育的相关知识，也包括与思想政治教育原理和方法相关的一系列人文学科知识，以及所负责的学生所读的专业知识及其前沿的知识，就业指导、学生事务管理等方面的科学知识；需要认真总结和学习开展大学生日常思想政治教育工作的经验，掌握做好工作的技巧和规律。同时，辅导员还需要加强对新情况的研究，注重运用先进的科研成果和有关理论指导实际工作，不断探索新途径，解决新问题，还要具有很强的组织管理协调能力和分析问题、解决问题的能力。指导和引领大学生全面发展、健康成长，需要辅导员自觉地加强业务学习，不断丰富知识结构，提高工作技能，需要辅导员积极参加社会实践，积累较为丰富的人生阅历，并及时总结思考思想政治教育工作的实践经验和科学规律。因此，必须促进辅导员队伍的专家化建设。只有这样，辅导员才能真正成为学生的人生导师和健康成长的知心朋友，真正实现自身向职业化方向发展。

（二）"转"——转岗转行

按照性质相近的原则，辅导员队伍在保持稳定的情况下也可以进行合理流动，为其他岗位输送人才，保持流动性和创新性。辅导员转岗转行主要有以下三个方向。

1. 转为学校行政干部或国家公务员

辅导员在从事工作的过程中不断得到锻炼和发展，在知识层面、学历层面和业务能力等方面具有较高的综合素质，使其今后的路能走得更宽。行政机关及企事业单位的领导干部中有高校学生辅导员经历的很多，甚至包括国家领导人在内也有不少曾担任过辅导员。在高校向国家机关或企事业单位输送的干部中，相当多的同志在学校期间都曾经从事过学生工作，并且这些同志在新的工作岗位上很多也成了骨干。校内的转岗可到学校机关单位任行政人员。辅导员从事学生事务管理工作的性质本身具有高校行政工作的内容，高校可以根据辅导员自身的特点和兴趣爱好，将有一定年限和丰富经历的辅导员分流到高校行政管理岗位工作。校外转岗则可以通过公开选拔（公开招聘）到校外政府机关、企事业单位任职。黑龙江省近年多次公开选拔领导干部，多所高校辅导员得以选拔到省直单位任职，或被选拔到各县区担任副县长、县长助理等职。一般而言，公务员单位正科级（主任科员）以下职位，辅导员需通过公务员等考试才能进入，而副处级以上岗位则在辅导员具备一定的职级后就可以参与公开选拔。辅导员在具备了一定的级别后（一般是正科级）便可以参加全省副处级领导岗位的公开选拔。当然，公开选拔干部竞争非常激烈，辅导员除具备基本的条件外，还需要具有较高的综合素质，这样才能在激烈的竞争中脱颖而出。

2. 教学科研之路

高校最重要的职能是培养人才，教学、科研是高校最重要的职能之一。高校辅导员就是高校教师与行政管理干部的统一体，具有高校教师身份，高校能为春提供良好的职业转换平台和教师培训体系。辅导员中具有比较牢固的专业知识背景、较强的语言表达能力的人有机会转向从事教学和科研工作。辅导员可以适当给学生开设相关课程并参与学术研究，在这过程当中不断补充专业知识，开拓研究新领域，学习新方法，提高教学质量，摒弃行政管理工作中的浮躁作风，踏踏实实从事科研教学工作。专业能力的不断拓展使部分辅导员具备了从事专职科研、教学的能力，经历学历和职称的提高可使辅导员实现向教学科研转岗。

3. 转到其他工作

经过辅导员岗位的锻炼，辅导员在组织协调能力、口头表达能力、书面表达能力、应变能力、政治把握能力、宏观调控能力等方面均得到明显的锻炼和提高，具有很强的可迁能力并具备了基层工作经验。辅导员如果转岗，对很多单位和岗位都能较快适应。他们拥有较高的综合素质使其受到社会各类单位的普遍欢迎。随着社会分工的发展和变化，未来职业变化出现了两个重要的特点，一是新的职业层出不穷；二是终身依附一个组织的固定职业不断消解。高校辅导员可根据自己的知识技能、爱好兴趣等，有很多机会选择其他形式的就业方式，在不断的动态变化中实现自身的价值。

（三）"升"——晋升到高一级的领导岗位

按照我国高校现行的学生管理体系，高校辅导员的传统路径晋升是院系主管学生工作的党委副书记，另外还有部分升至学校主管学生工作的职能部门领导，以及学校机关部处领导等。高校下属二级学院党委副书记专职负责学院学生工作，是辅导员的直接领导，也是辅导员最直接、最主要的晋升方向。虽然同样是从事学生工作，但晋升后所从事党委副书记的工作与辅导员工作不同，主要体现在管辖范围上。辅导员工作直接面对学生及学生团体，而副书记更多时候的工作重心在宏观层面上，负责整个学院学生工作的各个方面，其直接工作对象是辅导员而不一定是学生。部分辅导员则伴随着转岗实现晋升。在新的岗位上，很多辅导员都能凭借较高的综合素质而得到社会的广泛认可。

从辅导员制度半个多世纪来的发展历程看，结合新近党和国家出台的相关政策，不管辅导员职业生涯怎样修正和调整，可以预见的是，辅导员职业的发展道路越来越宽了，朝着职业化、专业化和专家化发展道路也越来越宽了。不管辅导员能不能发展成专家，或实现转岗成为其他领域的骨干，都需要辅导员在从事辅导员岗位工作期间兢兢业业工作，不断提升综合素质和工作能力，为"后辅导员"之路打好基础。

参考文献

中文文献

[1] 中共中央编译局 . 马克思恩格斯选集 [M]. 北京：人民出版社，1995.

[2] 中共中央编译局 . 列宁选集 [M]. 北京：人民出版社，2012.

[3] 毛泽东 . 毛泽东选集 [M]. 北京：人民出版社，1991.

[4] 邓小平 . 邓小平文选 [M]. 北京：人民出版社，1994.

[5] 江泽民 . 江泽民文选 [M]. 北京：人民出版社，2006.

[6] 国家职业分类大典和职业资格工作委员会 . 中华人民共和国职业分类大典
     [M]. 北京：中国劳动社会保障出版社，1999.

[7] 中央文献研究室 . 十八大以来重要文献选编 [M]. 北京：中央文献出版社，
     2005.

[8] 中央宣传部宣传教育局 . 加强和改进大学生思想政治教育文件选编 [M].
     北京：中国人民大学出版社，2005.

[9] 王小红 . 高校辅导员工作的理论与实践 [M]. 北京：北京大学出版社，
     2010.

[10] 唐家良. 高校辅导员队伍专业化建设与成长 [M]. 北京：现代教育出版社，2008.

[11] 张再兴. 高校辅导员队伍建设理论与实践 [M]. 北京：人民出版社，2010.

[12] 赵睿. 高校辅导员职业生涯管理研究 [M]. 北京：中国书籍出版社，2012.

[13] 中国大百科全书总编辑委员会. 中国大百科全书（社会学）[M]. 北京：中国大百科全书出版社，1991.

[14] 中国大百科全书总编辑委员会. 中国大百科全书（第 9 卷）. 北京：中国大百科全书出版社，1980.

[15] 周家伦. 高校辅导员：理论、实务与开拓 [M]. 上海：同济大学出版社，2011.

[16] 朱正昌. 高校辅导员队伍建设研究 [M]. 北京：人民出版社，2010.

[17] 瞿葆奎. 教育学文集——学校管理 [M]. 北京：人民教育出版社，1988.

[18] 戴本博. 外国教育史 [M]. 北京：人民教育出版社，1990.

[19] 傅维利. 教育功能论 [M]. 沈阳：辽宁教育出版社，1990.

[20] 邹进. 什么是教育 [M]. 北京："生活·读书·新知"三联书店，1991.

[21] 桑新民. 呼唤新世纪的教育哲学——人类自身生产探秘 [M]. 北京：教育科学出版社，1993.

[22] 杨启亮. 困惑与抉择：20 世纪的新教学论 [M]. 济南：山东教育出版社，1995.

[23] 裴娣娜. 教育研究方法导论 [M]. 合肥：安徽教育出版社，1995.

[24] 顾明远，申果华. 学校学生管理运作全书 [M]. 北京：开明出版社，1995.

[25] 联合国教科文组织. 教育—财富蕴藏其中 [M]. 北京：教育科学出版社，1996.

[26] 杨春如，奕永玉．高校政治辅导员工作概论 [M]．长沙：湖南大学出版社，1997．

[27] 顾明远．教育大辞典 [M]．上海：上海教育出版社，1997．

[28] 金生鈜．理解与教育 [M]．北京：教育科学出版社，1997．

[29] 陆有铨．躁动的百年 [M]．济南：山东教育出版社，1997．

[30] 黄延复．清华逸事 [M]．沈阳：辽海出版社，1998．

[31] 吴康宁．教育社会学 [M]．北京：人民教育出版社，1998．

[32] 孙立春．素质教育新论 [M]．济南：山东教育出版社，1999．

[33] 潘懋元，王伟廉．高等教育学 [M]．福建：福建教育出版社，2000．

[34] 柏路．高校辅导员科研能力的现状透析及对策思考 [J]．高校辅导员，2010(2)．

[35] 李忠军．高校辅导员职业特性分析 [J]．高校辅导员，2010(4)．

[36] 刘金华．高校辅导员职业能力结构分析 [J]．高校辅导员，2010(3)．

[37] 李忠军．高校辅导员职业特性分析 [J]．高校辅导员，2010(4)．

[38] 叶芃为．辅导员工作"课程化"的必要性与可能性探索 [J]．高校辅导员，2010(4)．

[39] 陈明霞．辅导员队伍专业化发展与思想政治教育专业建设 [J]．思想政治教育，2012(12)．

[40] 傅鼎．高校辅导员的自我定位与职业发展规划 [J]．中国成人教育，2008．

[41] 高地．高校辅导员队伍专业化建设的探索与实践 [J]．提升大学生思想政治教育质量，2013(4)．

[42] 高国希，刘承功，陈郭华．如何认识辅导员职业发展与职业生涯规划 [J]．辅导员工作研究，2009(6)

[43]　胡建新.高校辅导员的现实培训和计划 [J].思想教育研究，2008(12).

[44]　季景书，沈自友.高校学生辅导员队伍职业发展模式刍议 [J].人口与经济，2011.

[45]　李爱民.高校辅导员专业化发展的基本内涵及实现路径 [J].国家教育行政学院学报，2009.

[46]　李韶杰，晏志勇.高校政治辅导员的职业发展困境及对策探析 [J].高等教育研究，2011.

[47]　李世平.辅导员队伍职业化建设探析 [J].中国高教研究，2007(8).

[48]　李永山.美国高校辅导员职业发展阶段理论及其启示 [J].学校党建与思想教育，2009(1).

[49]　李振跃.高校辅导员队伍专业化职业化发展的根本路径 [J].思想教育研究，2013(6).

[50]　蔺宇，齐二石，王庆.高校学生工作者工作绩效的综合模糊评价 [J].西安电子科技大学学报，2006(2).

[51]　刘改莲.刍议高校辅导员的心理健康 [J].改革与开放，2011.

[52]　刘翔.关于当前高校辅导员队伍建设的几点思考 [J].思想政治工作研究，2013(6).

[53]　上海拟建高校辅导员协会 [J].思想理论教育，2005(10).

[54]　孙劲松.专业化、专家化：辅导员岗位新要求 [J].中国成人教育，2008.

[55]　唐文红.高校辅导员职业生涯规划与发展探究 [J].学校党建与思想教育，2010.

[56]　王晓勇.高水准建设辅导员队伍的实践和思考 [J].中国高等教育，2007(11).

[57] 翁礼成，高岳仑 . 关于高校推进专职辅导员专家化的思考 [J]. 师资队伍建设，2007(2).

[58] 许国彬 . 实行高校辅导员"五导"促进大学生自由全面发展 [J]. 思想教育研究，2008(10).

[59] 杨吉棣 . 构建高校辅导员队伍职业化、专业化、专家化模式初探 [J]. 思想教育研究，2009(11).

[60] 杨学斌 . 高校辅导员职业认同感探析 [J]. 中国成人高等教育，2009(17).

[61] 游敏惠 . 美国高校学生事务管理队伍的发展及启示 [J]. 比较教育研究，2006(12).

[62] 张芳芳 . 高校辅导员职业困境与职业发展策略研究 [J]. 职业技术教育，2011:Vol32(17).

[63] 张静 . 高校辅导员队伍职业化建设的理论与对策探析 [J]. 思想理论教育导刊，2007(6).

[64] 张泽宝 . 论大学辅导员专业化建设的实施路径 [J]. 中国高等教育，2007(11).

[65] 赵睿 . 职业生涯管理与辅导员职业化发展 [J]. 思想理论教育，2007(10).

[66] 郑少茹 . 浅析高校辅导员协会的意义与实践 [J]. 中国集体经济，2009.

[67] 邹兴平 . 社会转型期高校辅导员心理健康问题探究 [J]. 中国高教研究，2007(10).

[68] 傅维利 . 确定教师工资待遇的几个原则 [J], 教育科学研究，1986(4).

[69] 傅维利 . 论教育功能的释放与阻滞 [J]. 教育科学，1989(1).

[70] 朱宁波 . 问卷调查数据处理程序设计 [J]. 统计与决策，1989(1).

[71] 傅维利 . 美国道德教育的特点及对我们的启示 [J]. 教育评论，1989(4).

[72] 朱宁波．英、法、德大学招生制度的特色与启示 [J]. 教育科学，1994(4).

[73] 傅维利．学校教育与亚文化 [J]. 教育评论，1997(6).

[74] 王治河．后现代主义的建设性向度 [J]. 中国社会科学，1997(1).

[75] 张桂春．高校思想政治工作者应在学术上有所建树 [J]. 辽宁师范大学学报，1998(1).

[76] 叶澜．新世纪教师专业素养初探 [J]. 教育研究与实验，1998(4).

[77] 朱宁波．论教师的专业精神 [J]. 教育科学，1999(3).

[78] 吴刚平，章晓琴．我国义务教育的机会公平与质量公平 [J]. 乐山师范高等专科学校学报，1999(12).

[79] 石中英．缄默知识与教学改革 [J]. 北京师范大学学报，2001(3).

[80] 蔡国春．中美高校学生观与学生事务观之比较 [J]. 江苏高教，2001(4).

[81] 赵康．专业化运动理论——人类社会中专业性职业发展历程的假设 [J]. 社会学研究，2001(5).

[82] 黄志成，王俊弗．莱雷的"对话式教学述评" [J]. 全球教育展望，2001(6).

[83] 许明．美国关于教师素质的界定 [J]. 教师评论，2002(1).

[84] 陈琴，庞丽娟，许晓辉．论教师专业化 [J]. 教育理论与实践，2002(2).

[85] 陈大超．"学校管理就是服务"辨析 [J]. 辽宁教育研究，2002(4).

[86] 吕一军．马克思主义关于人的全面发展理论与高校思想政治教育 [J]. 中国高教研究，2005(7).

[87] 时长江．试论我国高校学生管理专业化及其制度保障 [J]. 中国高教研究，2005(11).

[88] 徐建华．高校辅导员队伍专业化建设的思考 [J]. 上海工程技术大学教育研究，2006(1).

[89] 赵庆典，李海鹏.努力建立大学生思想政治教育的组织保证和长效机制——高校辅导员班主任队伍建设情况调研报告 [J].国家教育行政学报，2006(2).

[90] 潘艳，贾会彦.现象学的教育研究范式探析一以马克斯·范梅南为例 [J].教书育人，2006(3).

[91] 廖敏.树立科学发展观、建立高校辅导员独立专业发展标准 [J].陕西师范大学学报，2006(4).

[92] 梁金霞，徐丽丽.完善制度健全机制推动辅导员队伍健康发展——全国103 所高校辅导员队伍建设状况调研报告 [J].国家教育行政学院学报，2006(6).

[93] 孔明福.论高校辅导员的专业化建设 [J].中国德育，2006(7).

[94] 焦文铭.论高校学生工作的专业化 [J].扬州大学学报，2006(8).

[95] 童静菊.高校辅导员队伍建设的回顾与展望 [J].学校党建与思想教育，2006(8).

[96] 曲建武.着力建设一支专业化职业化的辅导员队伍 [J].高校理论战线，2006(9).

[97] 罗俊.新时期高校辅导员队伍专业化教育论要 [J].科技信息，2006(11).

[98] 陈静.生活体验研究与教师成长 [J].教学月刊，2007(1).

[99] 吴广宇.新时期高校辅导员专业化探析 [J].哈尔滨学院学报，2007(1).

[100] 张志，张书丰.高校辅导员队伍建设发展的五个历史时期及其特点 [J].科技信息，2007(2).

[101] 史迎霞.辅导员队伍建设的专业化探索 [J].辽宁行政学院学报，2007(4).

[102] 赵永乐，王慧.中国高校教师职称改革模式的抉择 [J].南京社会科学，2007(4).

[103] 童伟中.新时期辅导员激励机制构建新探 [J].学校党建与思想教育，2007(5).

[104] 王道阳.我国高校政治辅导员制度的历史演变 [J].思想教育研究，2007(5).

[105] 林琳.专业化高校辅导员的素质要求与保障机制 [J].教书育人，2007(6).

[106] 梁家峰.辅导员队伍专业化的途径分析 [J].思想理论教育导刊，2007(6).

[107] 傅维利.论教育中的惩罚 [J].教育研究，2007(10).

[108] 廖红梅.小议高校辅导员队伍专业化发展面临的问题 [J].中国水运，2007(10).

[109] 刘保平.试论我国高校辅导员队伍建设 [J].湘潮，2007(10).

[110] 冯刚.论辅导员的专业化培养和职业化发展 [J].思想教育研究，2007(11).

[111] 杨铁军.我国高校辅导员队伍建设和职能定位演变过程回顾及启示 [J].黑龙江教育，2007(11).

[112] 曹麒麟，李向成，张艳.高校辅导员专业化的必要性分析与可行路径研究 [J].思想政治教育研究，2008(1).

[113] 李永山.高校辅导员专业化发展问题及其思考 [J].思想教育研究，2008(1).

[114] 黄乾玉，韦永革.高校开展心理健康教育的途径探讨 [J].教书育人，2008(3).

[115] 陈立永.高校辅导员队伍专业化途径初探 [J].扬州大学学报（高教研究版），2008(4).

[116] 林良盛.高校辅导员制度发展沿革与功能演化 [J].广东石油化工学院学报，2008(4).

[117] 徐士元，任莉.社会学视角下高校辅导员队伍专业化途径探析 [J].辽宁教育研究，2008(5).

[118] 漆小萍.论辅导员队伍专业化的建设路径 [J].思想理论教育，2008(6).

[119] 林娜 . 高校辅导员队伍专业化发展路径选择 [J]. 思想教育研究，2008(7).

[120] 朱孔军 . 从两难选择到整合协调——辅导员队伍专业化建设的现实问题思考 [J]. 思想教育研究，2008(7).

[121] 柳海民，常艳芳 . 论大学精神的价值 [J]. 教育研究，2008(8).

[122] 屈朝霞，齐秀强 . 美国高校学生事务管理与我国辅导员制度的改进 [J]. 教育探索，2008(8).

[123] 张贤根 . 科学的判断表达及其现象学阐释 [J]. 武汉科技学院学报，2008(8).

[124] 刘春蕾 . 高校辅导员队伍专业化建设的思考 [J]. 高等函授学报，2008(9).

[125] 吉兴华，姜瑛，叶丽萍 . 高校辅导员制度的形成与发展 [J]. 北京工业职业技术学院学报，2008(10).

[126] 黄军伟 . 中、美高校辅导员的角色定位比较及启示 [J]. 理论月刊，2008(11).

[127] 杨启亮 . 教师专业发展的几个基础性问题 [J]. 教育发展研究，2008(12).

[128] 王保义 . 发展性辅导视角下的高校辅导员专业化建设 [J]. 思想政治教育研究，2009(1).

[129] 殷善兵 . 对政治辅导员队伍职业化、专业化和专家化建设的思考 [J]. 山东社会科学，2009(12).

[130] 张晓辉，李如密 . 教学风格的影响因素及其结合机制探析 [J]. 教育学报，2009(12).

[131] 孙帅梅 . 高校辅导员的角色冲突与专业化建设 [J]. 思想理论教育，2009(17).

[132] 杨启亮 . 教师职业专业发展的几种水平 [J]. 教育发展研究，2009(24).

[133] 王长华 . 美国高校学生事务专业协会的角色功能及其启示 [J]. 思想教育研究，2010(1).

[134] 张挺．论美国高校辅导员制度 [J]．黑龙江高教研究，2010(1)．

[135] 熊芬，张憬．高校辅导员队伍"职业化、专业化"建设探索 [J]．高校辅导员学刊，2010(2)．

[136] 刘进．我国高校辅导员专业化的现实悖论 [J]．江苏高教，2010(2)．

[137] 毛爱军，郭为民．美国高校学生事务管理模式研究 [J]．西安电子科技大学学报，2010(3)．

[138] 徐涌金，章埔．关于有效推进高校辅导员职业化的思考 [J]．思想教育研究，2010(3)．

[139] 魏小鹏．着力专业化、职业化建设，提高辅导员工作科学化水平 [J]．中国高等教育，2010(7)．

[140] 张立鹏．应然·实然·适然：我国高校辅导员角色的三维考量 [D]．石家庄：河北师范大学，2015．

[141] 申雪寒．高校辅导员管理机制论 [D]．长春：东北师范大学，2015．

[142] 龚春蕾．高校辅导员职业化专业化问题研究 [D]．上海：华东师范大学，2011．

[143] 韩国顺．以社会主义核心价值体系引领大学生思想政治教育研究 [D]．长春：吉林大学，2011．

[144] 中共中央关于进一步加强和改进大学生思想政治教育的意见（中发〔2004〕16号），2004–08–26．

[145] 教育部关于加强高等学校辅导员班主任队伍建设的意见（教社政加〔2005〕2号），2005–01–13．

外文文献

[1]　SMITH J M, PRICE G R. The Logic of Animal Wnflict [J]. Nature, 1973(246).

[2]　SMITH J M. The Theory of Games and the Evolution of Animal Conflicts [J]. Journal of Theoretical Biology, 1974(47).

[3]　BASU K. Civil Institutions and Evolution: Conceptions, Critique and Models [J]. Journal of Development Economics, 1995(46).

[4]　YOUNG H P. The Economics of Convention [J]. Journal of Economic Perspectives, 1996, 10(2).

[5]　DUFWENBERG M, GUTH W. Indirect Evolution vs. Strategic Deletion: A Comparison of Twoapproaches to Explaining Economics Institutions [J]. European Journal of Political Economy, 1999(15).

[6]　AOKI M. Towards a Comparative Institutional Analysis [M]. MIT Press, Cambridge, 2001.

[7]　NYBORG K, REGE M. On Social Norms: The Evolution of Considerate Smoking Behavior [J]. Journal of Economic Behavior & Organization, 2002(52).

附　录

附录一　高校辅导员自我发展调查问卷

各位辅导员老师，您好！这是一份关于高校辅导员自我发展的调查问卷。本次调研旨在了解高校辅导员的发展现状，并据以进行科学分析研究，希望能得到您的支持与帮助。此次调研结果仅作为学术研究之用，所调查资料和信息将严格保密，请您认真如实填写，衷心感谢您的配合与支持！

2016 年 6 月

说明：本问卷多选题会有特殊标注，没有特殊提示均为单选。

一、基本情况

1.您的性别是 ＿＿＿＿

　　A.男　　　　B.女

2. 您的年龄是 ＿＿＿＿

　　A. 21~30 岁　　　　B. 31~40 岁　　　　C. 41~50 岁　　　　D. 50 岁以上

3. 您所获学的专业属于是 ＿＿＿＿

　　A. 管理学　　　　B. 哲学　　　　　C. 教育学

　　D. 思想政治教育相关学科　　　E. 文学　　　　F. 历史学

　　G. 其他（工学、农学、医学、理学、军事学等）

4. 您的最高学历是 ＿＿＿＿

　　A. 博士　　　　B. 硕士　　　　C. 大学本科　　　　D. 专科及以下

5. 您从事辅导员工作的年限是 ＿＿＿＿

　　A. 1~3 年　　　　B. 4~6 年　　　C. 7~9 年　　　　　D. 10 年以上

6. 您所在学校的类型是 ＿＿＿＿

　　A. 重点本科院校　　　　　　B. 普通本科院校

　　C. 高职高专院校　　　　　　D. 独立学院（三本）

7. 您现在的专业技术职务是 ＿＿＿＿

　　A. 初级及以下　　　　　　　B. 中级

　　C. 副高　　　　　　　　　　D. 正高

8. 你选择辅导员工作的原因是【可多选】＿＿＿

　　A. 喜爱高校工作环境　　　　B. 喜欢从事辅导员工作

　　C. 个人价值能得以实现　　　D. 职业稳定性强

　　E. 专业对口　　　　　　　　F. 社会地位高

　　G. 入职门槛低　　　　　　　H. 其他

二、工作现状调查

9. 您在辅导员工作上投入的时间，平均每天在 ____

    A. 8 小时以内　　　　　B. 8~12 小时　　　　　C. 12 小时以上

10. 辅导员平均每天的工作时间安排：

    思想政治教育 ____

    学生事务日常管理 ____

    咨询服务 ____

    参加学生活动 ____

    心理疏导和职业生涯辅导 ____

    处理学生突发事件 ____

    行政事务 ____

    理论学习 ____

    其他工作 ____

    A. 几乎没有时间　　　　　B. 1~2 小时

    C. 3~4 小时　　　　　D. 5 小时以上

11. 以下工作职责中您最擅长的是 ____，最不擅长的是 ____，您想成为 ____领域的专家。

    A. 思想政治教育

    B. 班级建设和活动

    C. 学生事务工作（评优、奖惩、帮困等）

    D. 学业指导和学风建设

    E. 学生党团建设

F. 心理疏导和职业生涯指导

F. 校园的安全稳定工作与突发事件处置

12. 您认为辅导员工作 ____

    A. 有难度，但很重要　　　　　　B. 容易，很重要

    C. 容易，不重要　　　　　　　　D. 没什么大不了的

13. 是否愿意把辅导员工作当成终身职业 ____

    A. 愿意　　　　　　　　　　　　B. 比较愿意

    C. 不太愿意　　　　　　　　　　D. 不愿意

    E. 取决于这一职业的发展情况

14. 您参加辅导员工作相关科研课题情况是【可多选】____

    A. 参加过国家级以上课题　　　　B. 参加省级以上课题

    C. 参加过校级课题　　　　　　　D. 没参加过任何课题研究

15. 您参加工作以来，以第一作者名义发表与辅导员工作相关的学术论文情况

    ____

    A. 0 篇　　　　　B. 1~2 篇　　　　　C. 3~4 篇　　　　　D. 5 篇以上

16. 您具备以下资格证书的情况是【可多选】____

    A. 教师资格证书

    B. 心理咨询师三级（二级）证书

    C. 职业指导师资格证书

    D. 其他相关资格证书

    E. 暂时没有取得相关证书

17. 您目前工作中的心理状态是 ____

    A. 积极上进、乐观自信、充满成就感

B. 偶尔烦躁，有一定心理压力

C. 经常感到压抑，压力很大

D. 身心劳累不堪，渴望转岗

18. 您觉得辅导员队伍职业压力主要来源于【可多选】____

A. 社会各界对辅导员的期望

B. 工作中扮演角色多，工作强度大

C. 个人发展得不到基本保障

D. 自身素质与工作需要存在差距

E. 处置各种学生问题感到力不从心

F. 辅导员工作与家庭的矛盾

19. 您所在学校贯彻国家关于辅导员队伍建设政策方面所采取的措施情况 ____

A. 积极主动，办法多，可行

B. 积极主动，但还没有具体办法

C. 不积极主动，没有办法

D. 被动应付，政策落实不到位

E. 未落实国家政策，我行我素

F. 说不清楚

20. 您对学校辅导员分配机制及评价机制的评价是 ____

A. 分配机制科学合理，能充分体现个人能力与贡献的差异

B. 固定成分太大，激励性不强

C. 平均主义、"大锅饭"现象依然存在，干好干坏都一样

D. 好坏差距悬殊，两极分化严重

21. 您最近三年参加培训的情况（请按类分别作答）：

（1）教育部组织的全国辅导员骨干培训等 ____

（2）教育厅组织的省（市）内辅导员相关培训等 ____

（3）学校内部组织的相关培训 ____

A. 没参加过　　B. 1 次　　C. 2 次　　D. 3 次　　E. 4 次及以上

22. 对于参加过的培训，您给予的评价是 ____

A. 很有效果　　　　　　　B. 有一定效果

C. 没多大效果　　　　　　D. 没效果

如果培训效果不太好，其原因是：_____

23、您希望提高您的哪方面能力 ____

A. 表达能力　　　　　　　B. 教育引导能力

C. 管理服务能力　　　　　D. 组织协调能力

E. 观察分析能力　　　　　F. 交往能力

G. 职业生涯规划与就业指导能力　H. 危机处理能力

J. 科研与创新能力　　　　K. 其他

24. 您所在学校对于辅导员攻读思想政治教育相关专业硕士或博士研究生的态度是 ____

A. 鼓励，并有相关管理办法　　B. 鼓励，没有相关管理办法

C. 不限制　　　　　　　　D. 不允许

25. 您上哪些课程【可多选】____

A. 思想政治理论课　　　　B. 党校培训课

C. 职业生涯规划、就业指导课　D. 心理辅导课

E. 公共选修课　　　　　　F. 其他专业课程

G. 形势与政策课　　　　　H. 不上任何课程

26. 您所在学校对辅导员专业技术职务或行政职务考核晋升评审是否单列指标、单设标准 ____

    A. 均单列　　　　　　　　　　　B. 指标单列

    C. 标准单列　　　　　　　　　　D. 均不单列

27. 您觉得辅导员发展空间 ____

    A. 很好　　　B. 比较好　　　C. 比较有限　　　D. 很有限

28. 您觉得当前辅导员工作面临的主要困扰是【可多选】____

    A. 不受重视　　　　　　　　　　B. 发展空间有限

    C. 工作界限模糊　　　　　　　　D. 任务繁重

    E. 工资待遇偏低　　　　　　　　F. 缺乏良好的考核激励制度

    G. 其他（请注明）

29. 您对自己的未来发展有何规划 ____

    A. 长期做下去，成为一名职业化、专家化的辅导员。

    B. 一有机会就转岗，从事教学科研或校内行政管理工作。

    C. 考公务员、创业或者从事其他高校以外的工作。

    D. 不知道发展方向，比较迷茫。

30. 在辅导员职业发展过程中，您认为最重要的是 ____

    A. 国家关于辅导员发展路径的设计与规划

    B. 各地区对于国家政策的落地与实施

    C. 学校对于辅导员工作的重视

    D. 辅导员自身的努力和提升

31. 您认为辅导员在个人发展的过程中，应做哪些自我努力？

    _____

附录二　高校辅导员自我发展的访谈提纲

一、基本情况

姓名、年龄、工作年限、毕业院校、专业、学历、现岗位、家庭情况

二、访谈问题

1. 为什么会选择辅导员岗位？

2. 喜欢辅导员工作吗？

3. 辅导员工作中的收获？

4. 辅导员工作中的痛苦？

5. 做好辅导员工作中最重要的因素？

6. 辅导员的核心能力？

7. 辅导员整体工作状态怎样？

8. 怎么看辅导员的职业生涯规划？

9. 身体状况、家庭与辅导员工作？

10. 有没有考博打算？

11. 学校在辅导员深造中有什么政策吗？学校鼓励辅导员深造吗？

12. 学校在落实"双肩挑"政策中贯彻得怎样？

13. 你觉得辅导员队伍建设中的重要问题？

14. 你未来的职业打算？为什么会有这种选择？

15. 在转岗的过程中，遇到什么困难？什么原因？

16. 你觉得辅导员有发展吗？辅导员有几种发展归宿？具备发展条件吗？

17. 如果重新选择，你还会选择做辅导员吗？

后 记

辅导员的自我发展问题是高校学生工作的一个层面，也是高校辅导员队伍建设的一个层面。研究辅导员自我发展不仅会推动辅导员个体完善，而且也会在客观上推动辅导员队伍的整体发展。研究辅导员自我发展是希望能够为辅导员队伍的政策制定和执行，带来一场深刻的思考、转变，带来一次辅导员自我的更新。

自我发展是指高校辅导员本着具有对工作的责任感和职业的使命感进行自我目标定位、自我资源调配、自我激励和自我约束的一种内生机制。高校辅导员通过自我评价，积极主动地学习和锻炼，并在他们的工作中发挥自己的聪明才智和创造力，进而使自己做出全面的发展。

研究辅导员自我发展其终极目的是要促进辅导员的发展，从而为大学生提供更好的思想政治教育。高校辅导员自我发展研究虽然在我国还处在刚刚起步阶段，但这一问题有很大理论与实践意义。这将是一项长期的任务，需要进行不断经验探索和理论积累。笔者能为这项研究尽一点绵薄之力，幸莫大焉。

衷心感谢我的博士生导师刘忠孝教授。研究生期间，我开始在刘忠孝教授指导下进行专业学习，师从刘忠孝教授以来，深刻地感受到他严谨治学的学术态度，以及坚持不懈的精神品质，正是在这种学术态度和精神品质的影响下，使我选择继续攻读思想政治教育专业的博士，有幸再次成为刘忠孝教授的学生。

衷心感谢在本书撰写过程中，徐晓风教授、栗守廉教授、王福兴教授、段红教授、马书琴教授、李庆霞教授、郝文斌教授等对我学习、学业给予的关心、鼓励和指导，对本书撰写及修改提出的宝贵意见和建议。衷心感谢在工作学习过程中，给予我关注和关照的各位领导、同事及朋友们，名字不一一列举，我会记住和珍惜这段情谊。

本书的出版得到了东北农业大学横向课题（860102）和黑龙江省社科基金项目（17GLE286）的资助，在此深表感谢。本书的写作中参考了同行专家、学者的优秀科研成果，对此表示由衷的感谢。

马克思主义理论与思想政治教育具有与时俱进的理论品质，在辅导员自我发展的问题上，尝试做了一些理论上的探索，但由于研究水平有限和跟踪性研究不及时，所述内容的不足之处，敬请同行专家与广大读者批评指正，谢谢。